街巷 故事
（四）

◎济南市市中区文联／编

图书在版编目（CIP）数据

街巷故事：全四册 / 济南市市中区文联编. -- 济南：济南出版社，2021.5

ISBN 978-7-5488-4665-9

Ⅰ.①街… Ⅱ.①济… Ⅲ.①城市道路—介绍—济南 Ⅳ.①K925.21

中国版本图书馆CIP数据核字（2021）第079970号

出 版 人	田俊林
责任编辑	朱 琦　代莹莹
封面题字	马兴园
装帧设计	戴梅海
出版发行	济南出版社
地　　址	济南市市中区二环南路1号（250002）
发行电话	（0531）86131729　86131746
	82924885　86131701
印　　刷	济南龙玺印刷有限公司
版　　次	2021年5月第1版
印　　次	2022年5月第1次印刷
成品尺寸	170 mm×240 mm　16开
印　　张	60
字　　数	540千
定　　价	399.00元（全四册）

（济南版图书，如有印装质量问题，请与印刷厂联系调换）

《街巷故事》编委会

序言/ 抚摸街巷，拥抱城市文化的细碎和厚重

"廛里一何盛，街巷纷漠漠。"早在近2000年前，西晋文学家陆机在诗歌中如此描绘城市街巷的繁华之景。自古以来，城市街巷就可谓城市的文化基因库，承载着城市记忆，见证着城市变迁。

还原老街巷的真实历史，留住城市文化之根。历时一年多的编写工作，济南市市中区文联编纂的《街巷故事》（四）正式付梓出版，与广大市中区居民、济南市民乃至更多的城市文化爱好者见面。《街巷故事》（四）共包括王官庄街道、舜耕街道、七贤街道、白马山街道、兴隆街道等五个篇章，故事精彩，文化气息浓厚。

王官庄街道篇章所讲述和记录的，既有雕刻出济南72名泉印章的篆刻艺人，也有用婉转昂扬的唱腔歌咏新时代中国故事、济南故事的京剧社，还有从峥嵘岁月一路走来、战功赫赫的抗战老兵……一支红歌，一幅剪纸，一个微雕，在文化的浸润和滋养下，王官庄街道越来越充满生机与活力。

舜耕历山之地的舜耕街道，更是不缺气象万千的传奇往事。在这里，古有大舜与娥皇、女英婉转曲折的爱情故事，兴济河岸边数百年来护佑着土屋庄免于洪水之患的蛤蟆石；今有兢兢业业在街道工作13年的新时代"小巷总理"张红，还有全国爱国拥军模范——"兵妈妈"齐亚珍。

七贤街道的街巷文化则更加多样化。且不说颇有几分神话色彩的"七仙庄"的名字来源，至今沧桑雄浑千年不减的马武寨，单是一处集纳了多个博物馆的七贤文化城的民间博物馆文化苑，就是厚重的街巷文化沉淀的代表。还有济南快餐文化的领头羊超意兴，"把子肉"文化浸润万家。

一百多年前的白马山车站，曾是济南市重要的货运火车站，而白马山啤酒厂生产的甘冽的啤酒，清凉了无数济南人的夏天。如果你愿意深入走进白马山街道，还能了解到，这里还出过翰林院学士张英麟、翰林编修王敏。焕发新颜的白马山街道，一定会如一匹骏马，驰骋在泉水奔涌的土地上。

兴隆街道的古村更富有诗意，"庙观映山色，古村眠高士"的矿村，"泉涓涓而清流，云深深而触起"的青桐山上的斗母泉村，还有千年古道穿村过的小岭村……称兴隆街道是市中区的后花园并不为过。

在漫长的城市文化史上，古老的街巷不仅仅是那个时代人们生存的见证者，更是先祖们积淀下来的文化与情怀拥有者。尽管城市在发展变迁，但是这一脉文化，值得我们反复记录、书写、传递。

不必多言，你我也是生活在城市街巷的人，在过去的哪个时间，一定也触摸过街巷文化的细琐和厚重。这些散发着或现代或古老、或质朴或时尚气息的城市街道，既是城市重要的旅游吸引物，也是构成一座城市的基本单位，它们与人们的日常生活密不可分，记录历史，蕴藏文化，值得细细品味。

2021年3月，习近平总书记在福州考察时强调，"保护好传统街区，保护好古建筑，保护好文物，就是保存了城市的历史和文脉。对待古建筑、老宅子、老街区要有珍爱之心、尊崇之心"。这对于我们如何从普通的城市街巷入手，守护城市文化点明了思路，指引了方向。

济南市市中区自古以来是城市文化的重要保护区域，这里有诸多知名的街巷，分布着宝贵的历史建筑和文化场所。多年来，市中区也始终重视文化保护工作。去年以来，市中区主动融入黄河流域生态保护和高质量发展重大国家战略，并且提出了建设新时代社会主义现代活力品质强区的奋斗目标。在新时代社会主义现代化强省会建设中走在前、做表率，就更离不开厚重的城市文化作为积淀。城市既要有筋骨肉，更要有精气神，这一点，市中区一直在孜孜不倦地努力。

《街巷故事》（四）的出版，要真诚感谢市中区委宣传部等上级领导的关心和支持，感谢街道办领导和同志的鼎力支持。另外，也要感谢市中区作家协会各位作家的艰辛采访和写作，感谢济南出版社编辑的精心编纂。

历史的记忆总是闪烁着微茫的灯光，文明的脚步一直在探索中风雨兼程。愿这部《街巷故事》可以让生活在城市中的你，感受到身边的文化魅力。

济南市市中区文联党组书记、主席　马兴园

2022年3月22日

目　录

第一编　王官庄街道 ·· 1

方寸之间雕琢万千气象（徐从芬）·················· 2

红叶京剧社：小街巷里的"大艺术"（徐从芬）······· 7

军功章里的峥嵘岁月（徐从芬）················· 13

微雕达人张爱民：方寸之间展大千世界（徐从芬）······· 18

刀剪镂光阴（徐从芬）······················· 23

阳光先锋志愿者："硬核老年团"让阳光洒满社区（徐从芬）

······································· 27

文化王官庄：解码街道的"活力之源"（徐从芬）······· 32

党建引领"红色物业"让街道焕发美和新活力（徐从芬）······· 37

王官庄的"前世今生"——见证普通人幸福生活创造的时代缩影

（徐从芬）······························· 40

第二编　舜耕街道 ·· 45

从"舜耕历山"到舜耕街道（刘文玉）··········· 46

金鸡岭的传说（刘文玉）····················· 51

道德生活化最难能可贵（一）（刘文玉）········· 53

道德生活化最难能可贵（二）（刘文玉）········· 61

土屋庄：一个沉寂了 600 多年的村庄（刘文玉）··· 65

土屋庄的故事传说（刘文玉） ············· 66

浓得化不开的"土屋年味儿"（刘文玉） ············· 68

爆竹声中一岁除，春风送暖入屠苏（刘文玉） ············· 70

土屋庄人物志（刘文玉） ············· 72

第三编　七贤街道 ············· 81

"七贤庄"由来的传说（徐敏） ············· 82

九曲庄旧事（徐敏） ············· 87

双龙庄的文脉传承（徐敏） ············· 91

雄浑犹存马武寨（徐敏） ············· 94

记录一脉家族迁徙繁衍的李氏碑刻（徐敏） ············· 98

东汉晚期的青龙山墓葬（徐敏） ············· 101

传承中华文化的民间博物馆文化苑（徐敏） ············· 104

飘香"把子肉"（徐敏） ············· 109

风雪长津湖（徐敏） ············· 113

第四编　白马山街道 ············· 117

济南有座白马山（陈忠） ············· 118

白马山下谷庄居（李宏） ············· 130

走出东红庙村的翰林院学士张英麟（陈忠） ············· 136

一幅画卷里的前魏华庄（陈忠） ············· 142

尹家堂里有个明代的"探花"（陈忠） ············· 147

第五编　兴隆街道 ············· 151

矿村：庙观映山色，古村眠高士（钱欢青） ············· 152

斗母泉村：青桐山上有名泉（钱欢青） ············· 158

小岭村：千年古道穿村过（钱欢青）　·················　163

大岭村：北山又大又高（钱欢青）　·················　167

王家窝坡：众志成城"义合桥"（钱欢青）　·················　170

涝坡村：小村藏着"山东第一蓄水池"（钱欢青）　·················　173

搬倒井村：消失的古村与传说中的帝王（钱欢青）　·················　178

白土岗村：信义石桥边的山村记忆（钱欢青）　·················　182

兴隆庄：消失了的古村，永不消失的记忆（钱欢青）　·················　186

第一编

王官庄街道

方寸之间雕琢万千气象

——古稀老人历时两年刻出泉城七十二名泉印章

　　一杆笔、一把刀、一方印，方寸之间，气象万千。街巷里的"奇人"方正东，痴迷篆刻艺术。走进济南市市中区王官庄街道四区第二社区方正东老人的家，满室馨香，朱砂印记挂满了一面墙，有篆刻的诗词歌赋，有精美的书法作品，还有装满了好几个盒子的印章，让人目不暇接。

　　最让人赞叹不已的是装满一整个盒子的七十二名泉印章。已过古稀之年的方正东，几年前用两年时间把对泉城、泉水的热爱，聚焦于小小的方印上，刻了两百多个关于济南七十二名泉的印章，在方寸之间刻下无穷爱意。

方寸之间意无穷

　　生于1946年的方正东，着一身素衣，谈吐文雅，是个干净利落、精神矍铄的清瘦老人。

　　"我的艺术启蒙老师是我爷爷，爷爷当年在日本留过学，回国后当了一辈子老师，教语文、算数。认识爷爷的人都说，爷爷是开明人士，书画在老家禹城市也首屈一指，耳濡目染中我也拾起了笔，一写就是70多年，青年时期又喜欢上了刻印，一直延续到今天。"方正东介绍说。

采访中记者得知，"大户人家"的出身带给方正东翰墨底蕴的同时，也带给了当时年轻的他无尽的坎坷和烦恼。他的早年生活可谓颠沛流离，酸甜苦辣一一品尝。特殊年代他屡受歧视，不过他始终坚守内心，以热

琳琅满目的印章均出自方正东之手

爱文艺的心面对一切，长期撰写文稿，成为报社的通讯员。

　　20多岁时，方正东开始断断续续地买章料，手工刻制印章后印到书上，打造专属于自己的"藏书章"，越刻越爱，篆刻慢慢地入了心，成为他孜孜以求想学好的东西。每每夜深时分，他操刀奏石，独享灯下静谧，无论冲、切、劈、削，都任灵魂在刀石的交响中激荡，埋首石料中忘却了白日劳顿、一切烦忧，将一生经历、人生志趣，一一展现于方寸之间。

　　刚开始时，方正东通过"描摹"的方式练习篆刻，慢慢地，他发现这样的作品缺少灵气。为了追求在篆刻技艺上进一步精进，他又系统地自修书法，渐渐地，书法、篆刻在融合中互促互进，相得益彰。

　　在篆刻时或雕或凿，或缓或急，方正东手法自如。他又善于创新，凭着对篆刻艺术发自心底的热爱，一方方独具匠心的印章在他手中诞生。

两年刻出名泉印

　　"刻印犹如做人"，只有内心清静的人，才能创作出最美、最醇厚的艺术，一如方正东的名字和人生，方方正正、清清白白。

　　与中规中矩的姓名章相比，方正东总爱篆刻闲章，泉城七十二名泉的章是他的最爱。"我5岁开始跟着爷爷逛趵突泉，作为一名在济南生活的市民，泉城是我的骄傲，宣传七十二名泉文化也是分内之事。"采访中，方正东摩挲着每一块章细细向记者介绍，如数家珍。石料上，趵突泉、望水

泉、洗钵泉、浅井泉、珍珠泉、五龙潭……每块章或方正，或圆角矩形，或椭圆，小篆字体优雅，大篆雄浑，每一枚都饱含韵味。

"主要是2013年和2014年两年内刻完的，当时光收集资料就费了很多功夫，章料买回来需要重新加工，参考各种文字资料，我原来也不会小篆字体，属于现学现刻，下了一番苦功夫。"方正东说，现在上了年纪，没有办法每天去名泉感受泉水的气息，但是有这72方篆刻，就感觉自己每天都沉浸在泉水中，感受一份清凉，感受一份欣喜。

倾情金石修慧心

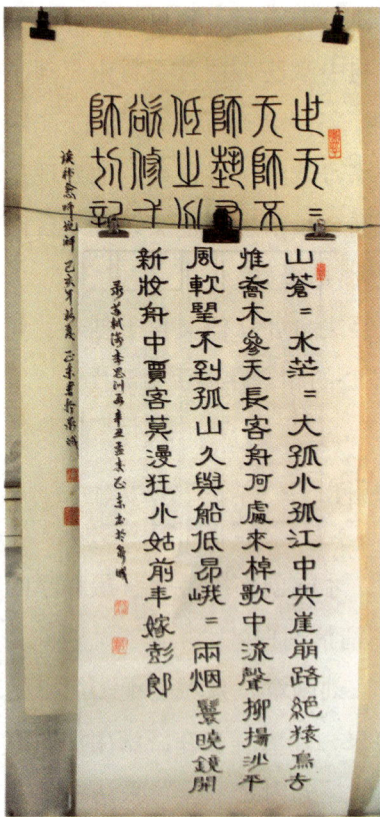

方正东创作的书法作品

众所周知，历代许多文学家、诗人、书画家都对印章情有独钟，他们常常取用一些很有趣的话语作为闲章内容，出奇制胜。后人鉴赏到这类语句时，也会觉得有滋有味、兴趣盎然。

在方正东装满印章的盒子里，趣味章、小方闲章、异形闲章等也琳琅满目，"小荷才露尖尖角，大同小异，翻云覆雨，尾大不掉……"方正东赋予了这些冷冰冰的石头以灵性和生机，每一枚印章都饱含诚意，意境也无穷，有一种对生命的执着追求和思索，可谓触动心灵的处世哲学，渗透着让人豁然开朗的禅学智慧。

健谈但不浮夸，作为性情中人的方正东房间布置得也文雅而清新，书法、篆刻等书籍摆满了整个书架。退休在家后，有了更多的时间沉浸其中，篆刻至今，方正东已经刻制了几百方印石，刻印几乎成了他生活的全部。在别人看来枯燥无味的艺术，他却体会到不一样的乐趣。

"方寸金石刻慧心，艺术是世界上最为显而易见的语言，可以将一个人的思想境界赤裸裸地呈现，喜怒哀乐，皆一览无余。"方正东一生不喜城府，率性有加。篆刻几十年来，他被很多人熟知，名气在圈子里越传越远，书法作品参加过全国展览，拿过特别奖。

一些人慕名而来，请求方正东为自己雕刻作品，甚至愿意出价购买。方正东每次都会爽快答应，但始终拒绝从中谋取利益。"我一生不卖章也不卖字，艺术一旦商业化后，艺术水平就降低了，市面上一些艺术家不是画画、写字，是画钱，我只是单纯热衷于篆刻、书法，雕刻的物件馈赠给友人，得到他们的认可我就知足了。"

刻的是石头，修的是心。老人把他对生活的热爱篆刻在四方天地，日复一日，年复一年，他乐此不疲。如今已是75岁高龄的他由于左手微微颤抖，已无法按住刻印的石头，很少篆刻，但是他仍然坚持每天练习书法，痴迷于书法与刻印艺术中，还现场向记者展示了20米的书法长卷。

"不单单是刻章写字，艺术是文化的显现，没有一定的文化底蕴，写不出来。"与方正东交流，不但受到文艺的熏陶，还有他对人生透彻体悟的渗透。篆刻、书法对于他来说是人生的主线，成为一条绵绵不绝的生命印迹，每日把玩多年来雕刻的把件、每一方印，都是一段凝固的情结。

（徐从芬/文，于德水/摄）

《王官庄街道一隅》 李智峰 绘

红叶京剧社：小街巷里的"大艺术"

"梨花开，春带雨。梨花落，春入泥。此生只为一人去，道他君王情也痴……"周六，在济南市市中区王官庄街道十区社区，或高亢或柔婉的京剧吟唱环绕着原本静谧的小区。国粹与现代艺术碰撞，给这里带来了别样的生机，不少居民驻足聆听，不由自主地打起了拍子。"这个剧社成立18年了，是我们社区的'网红'。"一位50多岁的社区居民竖起大拇指称赞。

循着劲健婉转的唱腔，记者走上王官庄街道十区社区居委会二楼。由十几名老人组成的京剧社团正在紧张有序地排练中，唱、念、做、打，一词一句，一招一式，这些已过耳顺之年的老人们练得都格外认真，丝毫不亚于舞台上的"角儿"。

社区里的京剧社为居民端上丰盛文化大餐

京剧艺术是国粹，学唱门槛非常高，社区里缘何能成立一个京剧社？

时间回到2001年，在王官庄大众广场上，有一位饱经风霜、清爽和善的老者，吹着婉转、悠扬的笛声，时而打着节拍，他就是被人尊敬的老师郭连仲。

他自幼家境贫寒，靠党发给的助学金，读完了从初中到山东艺术学院的学业。他在到了即将退休的时候经历了一场癌变洗礼，更加认识到生命

剧团成员为庆祝建党 100 周年演出剧目《红军不怕远征难》

的重要，认为如果不能继续为民众做点好事，对不起多年来党的教育和培养。把自己多年来学习积累的音乐知识教给广场上爱唱歌的老同志，这样快乐别人也能陶冶自己，何乐而不为？

　　带着这种心境，郭连仲来到了广场，很多爱唱歌的老先生、女士们见到专业的老师，分外开心，围在他身边欢歌笑语。

　　由于方方面面的因素，爱好音乐的人群中并没有多少人会识谱，和着唱片也唱不对，郭连仲见到这种情况，就从家里拿出预先准备好的乐理知识讲习材料，带到广场给大家讲解，很多人被郭连仲这种无私的精神所感动，于是有抄写能力的人，也在家里用毛笔和用过的旧挂历，把歌曲抄写好带到广场，同大家共同分享。自发的合唱蔚然成风，退休人群中，也不乏爱好唱戏的人，李文珍就是其中一员，她嗓音洪亮，唱起京剧来有板有眼，在样板戏盛行的年代，见过大戏台，一唱就博得观众的喝彩和掌声。

　　郭连仲自学京胡伴奏，慢慢地，一帮喜欢京剧而没有京剧知识、只有决心学而不会唱戏的老人，共同学起了京剧，红叶京剧社就此埋下了萌芽的种子。

红叶京剧社初期萌芽时，除了少数成员，大部分人都是京剧"白纸"。一群年过花甲的老人没有被京剧唱腔的难度吓倒，发扬"明知山有虎，偏向虎山行"的精神，越学越有热情，越学越感觉到京剧唱词的伟大。"每段唱词都含义深刻，内容婉转，像一段诗词歌赋，蕴含着中国的历史，歌颂着国家的仁、义、礼、智、信。"采访时，老团长李文珍表示，台上一分钟，台下十年功，他们拿出了年轻时钻研工作的精神，孜孜不倦地研究着京剧唱腔和京剧200多年的发展历程。

"抗日战争时期，京剧艺术家们宁死不为寇贼演戏，体现了艺术家爱国主义的情操和高风亮节。我们不断学习着裘、谭、奚、杨的高亢与婉转，体会着裘派花脸的来历与传承，知晓京剧是从昆曲继承发展而来的历程，知道了清朝时徽班进京之艰难。国家研究、创作、传承京剧，培养京剧人才，付出了难以想象的艰辛。" 李文珍回忆，为学好唱好京剧，每个团队里的人都买了复读机，并录制了大量的京剧唱段，反复摸索学习。近十年，有的人听坏了几个复读机，难度较大的唱段要听上千遍，甚至上

红叶京剧社成员演唱《我为亲人熬鸡汤》

万遍。跟录音机学唱段，怎么也不如近距离地现场跟专业老师学发音、学口形、学托腔、学表演进步快，大家自学了两三年后感觉水平提高还不够大，于是纷纷进入了老年大学进行深造，学习演唱的技巧。

随着成员们在老年大学学唱京剧水平的提高，红叶京剧社越发成熟，最终在2003年正式成立。

小街巷中的大舞台　圆了退休老人京剧梦

周六的早上，家住建设路的70多岁的赵茂栋早早起床，伴着京剧唱腔吃完早饭，收拾妥当，出门坐上公交车，直奔王官庄而去。

赵茂栋音调高、音色好，在业余爱好者里是不错的旦角演员。他私下下了很多功夫把能唱的唱段录下来，在家里反复对照专业京剧唱腔，摸索学习，以求以最准确的唱腔唱给听众听。

与赵茂栋相似，红叶京剧社的组员们都是年过花甲的老人，为了共同的兴趣爱好，他们克服种种困难，每周坚持排练。65岁的京胡演奏师李济华，每周从北园大街过来练习；69岁的老生赵立庭，出于对京剧的热爱，退休不久就来到剧团，已经唱了8年；66岁的鼓师吴继刚，每周从吴家堡赶来伴奏……目前，红叶京剧社12位成员的平均年龄在65岁以上，大家每周六上午像上班一样，在一起学唱戏。

"原来有高血压、冠心病，不是腰疼就是腿疼，整天病恹恹的，爬楼都很困难，自从唱上了京剧，什么都顾不得了，全身充满了力气，唱起来就带劲了。"原先在王官庄居住的赵茂栋搬到建设路9年了，可还是几年如一日，风雨无阻地每周赶来排练。在赵茂栋的感染下，12岁的外孙也喜欢上了唱歌，去年获得一项国家级歌唱类比赛特等奖。

"大家凑在一起唱戏，就是图个老有所乐，家里有什么不开心的事，一起聊聊天、唱段戏，就什么愁事都没有了。一唱戏，比年轻人的精神状态还好。"在京剧社待了7年的琴师周德华表示，自己退休后开始拜师学京胡、月琴，自己和老伴原本身体都不好，但是"一弹起琴身体的不舒服就忘记了，无形中好了一半"。

一唱就是 18 年　红叶京剧社再弄潮

"一开始是唱着玩，没想到大家伙儿在一起一唱就唱了18年，凝聚力越来越强，京剧社也会长长久久办下去。"现任团长陈万荣表示，十几年来，通过学唱京剧，红叶京剧社的成员人人习惯看中央电视台戏曲频道的戏曲节目，关心少儿京剧大赛的举办和发展。经过多年的学唱歌曲、京剧的历程，红叶京剧社的人在京剧艺术方面都有了长足的进步和发展，曲目《二进宫》《赤桑镇》《坐宫》《沙家浜》《红灯记》《智取威虎山》等，他们张口就来。"就算开个演唱会，哪个成员都能唱半个小时。"在街道办主任的支持下，红叶京剧社还常有合作外出演出。

"红叶京剧社落户在王官庄街道，多年以来，居委会给予了大力支持，多次联系电视台录制节目，并联系新闻媒体对我们剧社进行新闻报道，对剧社关怀备至。没有街道办的大力支持，我们也不会发展得像今天一样红火。"陈万荣说。

采访结束后，一群老年人又各就各位，进入各自的角色。"夕阳红"这三个字在他们这些老年人身上得到了充实的体现，大家虽然退休了，但求知欲仍没减少，都努力做到老有所学、老有所为、老有所乐。

热热闹闹的红叶京剧社还会一直办下去，可谓"志士之人何有老，红叶京剧社再弄潮"。

（徐从芬/文，梁栋/摄）

《幸福假日·大众广场写生》 李智峰 绘

军功章里的峥嵘岁月

——聆听一位老革命军人的生命之歌

　　1949年，中国人民解放军华东军区颁发的渡江胜利纪念章；1950年，解放华中南纪念章；淮海战役纪念章；抗美援朝纪念章……这些沉甸甸的军功章，虽然生锈、斑驳，但是每一枚都记录了昔日老革命军人的一次次突破生死绝境、经历艰难险阻，记录着往日峥嵘岁月，记载了济南一位老人辉煌壮丽的一生。

　　近日，济南市市中区王官庄街道西十里河街居民李念庆在父亲的老房子里，向记者展示了压箱底的"宝贝"。从渡江胜利纪念章到抗美援朝纪念章，设计严谨、图案美观，每一枚都记录了昔日老革命军人革命生涯的辉煌，奖章因那段峥嵘岁月更显光彩夺目。

　　屋外烈日炎炎，望着老镜框里那位目光炯炯、已去世两年有余的老革命军人，在场的人思绪翩飞，他的一生中经历过多少风风雨雨？

抗美援朝纪念章

炸弹·勋章

"父亲出生于1921年，与党同龄，他参加了那么多次战役，一次次死里逃生……"在槐荫区槐荫街父亲生前的老房子里，李念庆端出装有荣誉勋章的盒子，小心翼翼地放在桌上，打开，里面盛有一块块用纸细心包裹好的勋章，他满含自豪地一一展示在铺好的红布上，慢慢向记者讲述每块勋章的历史和来龙去脉。

李念庆介绍，父亲李基德1945年参军，参加过淮海战役、渡江战役、上海战役等，还参加过抗美援朝。在解放战争时，属于陈毅和粟裕领导的华东野战军第八纵队，抗美援朝期间隶属于张仁初任军长的第二十六野战军。

"父亲能够活下来就是幸运的，在战争年代，这样的幸运不是人人都有。"李念庆介绍，父亲实际是1943年入党，后因为组织部门的一些变故，组织关系证明无法查找，因此，只能将日本投降后父亲参军时间作为入党时间。

在日军占领莱芜时，李基德利用其莱芜县辛庄村小学校长的身份，积极参与地下党的抗日活动，为军区小队和县大队提供情报，为抗日锄奸做出了很大的贡献。抗日战争结束前夕，因党内出现叛徒，父亲被迫隐姓埋名转入地下，在多处躲藏，躲过了日军的追捕，组织关系也就在此期间丢失。

抗日战争结束后，李基德参加了中国人民解放军，历任战士、排长、连

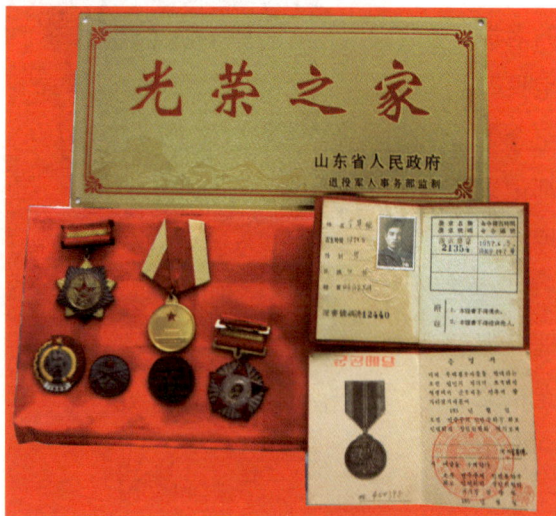
李基德获颁的荣誉勋章被后代珍藏

长，参加了著名的莱芜战役、孟良崮战役、济南战役，在这三次战役中，李基德英勇作战，为战役的胜利做出贡献。"父亲生前经常跟我们念叨战争年代的事情，对孟良崮战役的印象尤其深刻，他当时给我们讲述，在攻占过程中我军遇到国民党军顽固的抵抗，他们采取了正面对抗和诈降等各种手段进行对抗。战斗中我父亲与战友们不怕牺牲、顽强作战，最终全歼号称国民党军五大主力之首的整编第七十四师；在济南战役中，我父亲奉命在济宁阻击从南面增援的国民党军队，圆满地完成了阻击任务。"

在渡江战役和上海战役中，李基德响应毛泽东主席的"宜将剩勇追穷寇，不可沽名学霸王"的英明决策，与所在部队一起对国民党军队进行了最后的打击，为建立社会主义新中国做出了贡献。在上海战役胜利后，李基德与他所在的部队担任城市的治安和保卫工作，面对比较复杂的治安形势，圆满地完成了肃清反动势力和保障城市安全的艰巨任务。

在参加和完成了以上各项工作后，李基德所在部队南下福建，就在这时，朝鲜战争爆发，部队又以最快速度到达丹东，跨过鸭绿江，参加到抗美援朝的战斗中。"父亲生前回忆，当年朝鲜战争比解放战争更加激烈、残酷，由于大量的飞机参与，立体战争下基本没有前方和后方之分，当时我父亲负责部队的后勤和军需工作，也是敌方重点侦察和打击的目标。有一次，他准备回国采购军需物资时，敌机黑压压一片遮蔽了天，炸弹几乎是无缝隙地向下倾泻，父亲的通讯员被炸死了，他侥幸活命。父亲说他很多次都是在绝境中逃生。"

李念庆满含激情，一边摩挲着军功章，一边讲述着父亲的历史。一块块军功章都刻下了那个战火纷飞时代的印记，记载了一位老革命军人九死一生的人生经历，也赋予了年轻一代沉甸甸的使命与责任。

转业·沉潜

在战争年代冲锋陷阵、出生入死、战功显赫，在和平建设时期，老兵李基德却藏起了荣誉功勋，回乡投入到兵工生产中。

　　朝鲜战争一结束，因为李基德有军需和财务工作的经验，部队领导就与他交谈，问他能否转业到军工企业继续为部队服务。李基德二话没说就放弃了在部队晋升的机会，转业到军区后勤木工厂，一个人既担任厂领导，同时又是会计和采购，通过艰苦创业将工厂做大、做强，将一开始只有7个人的小厂子，发展成后来有300多人的大厂。30多年的时间里，为部队的后勤建设做出了极大的贡献。

　　"当年厂子转型时，我们厂里的人没有一个没有房子。老厂长为我们每一个职工都谋取了最大的福利。"王官庄街道西十里河社区综合党委书记、居委会主任王春红说。

　　尽最大努力为国家图富强、为职工谋福利，一生正直的李基德对自己、对家人却极其"吝啬"，从不用公权力谋私利。李念庆记得，一开始父亲厂子里有了自行车，父亲作为一厂之长却经常不舍得骑。"我们那时候小，对自行车特别向往，有时跟父亲说，你骑回来我们学学，父亲总是回复'门儿都没有'，坚决不骑回家，每天赶公交车上下班。后来厂子里有了汽车后，他反而又骑起了自行车。"

　　"父亲话语不多，但是一直强调一点，要做正直的人，不能走歪门邪道。当年我当兵时有个机会能提干，参加电影组织学习班，但是履历上差两个月，老爷子坚决不走后门。大哥1974年下乡时也可以不去，老爷子不愿意，说'别人不去可以，你不去不行'……一件件类似的事情太多了，我们当时也埋怨，但是后来也就理解了父亲的苦心，靠着自己的努力，不求人，也发展得很好。"李念庆回忆说。

　　尤为难得的是，在李基德的教育下，儿女四人全部加入了中国共产党，两名子女光荣参军。"我哥哥还曾经担任了中国人民解放军某部的厂级领导（总经济师）。我和我姐姐都参军，姐姐参军20多年，又转业到医院，我现在虽然退休，但始终没有忘记自己是一名党员，牢记为社区居民服务，积极参加社区的党员学习和各项公益活动。在今年的社区党委换届选举中，当选新一届党委委员。无论过去还是现在，我们都能够保持积极向上正能量，与父亲对我们的教育和培养分不开。"

长归·永续

李基德一生铁骨铮铮、刚正不阿，私底下却有一个文艺的爱好，那就是喜欢京剧，自己会拉京胡。离休后，他就在对过往的回忆中，拉拉京胡度过晚年。

2016年，95岁的李基德买了墓园，前去参观时，恰巧看到了一个熟悉的名字。

"这是我的军长，打仗不要命的张仁初'张疯子'。"老爷子一时激动万分，站在墓前久久不愿离去，这位将近百岁、看过百年风云波澜不惊的老人站立良久，眼中带着泪花，嗓音哽咽，不知是否想起了自己一次次与死神擦肩而过的经历，以及许许多多牺牲战友的面孔。在时光的冲刷下已经伛偻的身躯恭恭敬敬地弯下，给昔日的老军长鞠了三个躬。

两年后，他如愿以偿地与敬爱的军长埋在了一起，还有他爱的京胡。

采访结束，在场聆听的人都陷入了沉默，斯人已逝，可藏在军功章里的精神，流淌在照片里的气魄，永远不会屈服于时光。相反，因为时光的打磨，会愈发耀眼，精神永续。

（徐从芬/文，于德水/摄）

微雕达人张爱民：
方寸之间展大千世界

"明有奇巧人曰王叔远，能以径寸之木，为宫室、器皿、人物，以至鸟兽、木石，罔不因势象形，各具情态。尝贻余核舟一，盖大苏泛赤壁云。"明朝文学家魏学洢创作的《核舟记》细致描写了微雕工艺品——"核舟"的形象，其构思精巧，引人遐思无限。

在济南市市中区王官庄街道诚品苑社区，就有这样一位"微雕达人"——张爱民。大部分人吃完水果就会扔掉的果核或者废弃的树根，到了他手上，却有了"化腐朽为神奇"的力量。不起眼的废料经过他一番精雕细刻，就会变身为一件件精美的雕刻艺术品。金鱼、童子、寿星、昆虫……方寸大的果核上可雕刻百物，栩栩如生。

痴迷核雕　一刻 30 余年

刻刀在张爱民手里随意转动，一个慈眉善目的寿星生动地呈现在记者眼前，表情丰富，发丝、皱纹等清晰可见，令人惊叹。

如何在方寸之间雕刻出这些精致的物件？本职工作是一名普通电工，缘何走上了雕刻艺术之路？面对记者的疑问，性格沉静、不善言谈的张爱

张爱民雕刻作品

民略略沉思，随后娓娓道来。

　　"我老家在泰安，家里祖母、舅爷爷都喜爱雕刻，我从小受他们的熏陶，对雕刻很感兴趣，长大工作后迷上了刻印，但由于石头面很脏，弄得到处灰扑扑的，不好展开。偶然有一次，单位买了肥城桃，吃完后剩下的桃核很大，感觉扔掉可惜，又想起了小时候奶奶用打磨后的桃核拴上红毛线哄孩子玩的情景，我就开始摸索着在桃核上雕刻。"今年50岁的张爱民回忆说，20世纪90年代看到一期《山东画报》，上面刊发有潍坊雕刻"马拉轿车"的作品，让他感受到了核雕的魅力所在。他由此开始了长达数年的核雕自学之路，慢慢摸索至今。30多年了，雕刻这个爱好，他再也没有丢下过。

　　学习一项技艺的过程并不像人们想象的那般轻松。张爱民坦言，雕刻之路一路走来并不顺畅，学习雕刻的过程不仅枯燥无味，而且不会在短时间内就能学有所成。

　　初始，他把工作之外所有时间都给了雕刻，有时候一刻就是四五个小时，周末别人带孩子出去玩，兼学根雕的他就上山捡树疙瘩。初期，家人都不能理解他的这一爱好。随着时间的推移，他雕刻的东西被越来越多的朋友收藏，也带来了些收益，家人才慢慢理解了。

在雕刻过程中，张爱民也经常受伤。"有一次去琵琶山捡了一块树疙瘩，在清理时，刀子差点把肉给割掉，血当时就止不住了。还有一次做根雕时，手按在了电刨子上，也受了伤。"漫长的雕刻过程中，张爱民常常刻到手指麻木、两眼酸痛，但看着逐渐成形的作品，无穷的动力和满心的喜悦又让他坚持下去。

凭着满腔的热爱认真钻研，经过潜心探索与勤学苦练，加上浓厚的兴趣和极高的悟性，张爱民慢慢越刻越好，练就了纯熟的雕刻技术。如今，在保持果核外形的前提下，无论浮雕、圆雕还是透雕，他都能做到"精、细、奇、巧"，刻画的形象刀法简洁、形神兼备，放大数十倍仍栩栩如生。

微中见宏　刀下有神

福禄寿喜、五子登科、松鹤延年、福从天降、蝠（福）在眼前……除了寿星，张爱民的拿手作品还有很多。在阳台的小雕刻台上，一件件精美的作品装满了几个盒子。

"其实核雕的技法类似素描，先定位大的轮廓，再处理细节。"张爱民说，核雕大致有画样、打胚、细雕三个步骤。看似简单，却需要具备一定的立体的想象力。

一把刻刀、一双手，成就核雕艺术

"桃核雕刻的难度比橄榄核难度大多了，橄榄核是一张白纸，怎么雕都行，桃核每个却都有自己的'性格'，需要顺势雕刻。"每得到一个桃核，张爱民都揣在身上，随时拿出来端详，对每一丝纹理，都做到心中有数。"桃核纹理复杂，不能硬雕，需要顺势来雕，你看这儿这两个小眼，就可以雕成猴子的眼睛……"手拿一个桃核，张爱民一边细细打量，一边告诉记者，看桃核要不断揣摩，看到最后，眼睛里没有桃核了，看到桃核的"骨头"里，在脑海中是艺术成品了才能动刀。刀刻入心，神态入骨，心中有情，刀下有神，如《诗经·卫风》咏唱："如切，如磋，如琢，如磨。"在张爱民眼里，每一枚小小的桃核仿佛都有生命，有自己独一无二的"小性格"。

欲善其事，必利其器，核雕也不例外。雕刻除了需要特别的眼力、特有的指功和独特的构思，好的刀具也必不可少。在张爱民工作的台案上，有20多把不同型号的刀具，其中大部分都是张爱民自己做的。胡琴的把、石头的钢条、铜管上的箍、竹帘子的棍……都被他拿来用作制造刻刀的工具。"自己做的工具用起来才顺手，看这两把工具，已经用了20多年了。"谈起自己的宝贝家什，张爱民有着满满的自豪。

匠心"守艺" 文化流传

张爱民1994年搬来王官庄居住，见证了王官庄从一片玉米地变身现代化社区的过程。"当时卧龙花园开发，挖掘机挖出来满山的黄荆树根，没人要，我常常上山去捡。"张爱民笑着回忆那段时光。如今，他工作的阳台正对丁字山，性格内敛的他偏安在这个安静的小区，每日看着远山、花树，凝神聚气，简练揣摩，实现一个个桃核的"奇遇"、蜕变。

普通的桃核遇到张爱民的双手，仿佛变魔术一般，经过精湛刀法的雕琢，变成了远行的乌篷船，

核雕作品——乌篷船

变成了嬉戏的童子，变成了一只只憨态可掬的动物，变成了一件件张爱民对王官庄这个街道变迁的核雕留存。爱好坚持30多年，数万个小时的光阴也在张爱民手上留下交错的刀伤，在右手关节处积起一层老茧。

一枚小小的桃核，可以是万千世界，可以是芸芸众生。作为历史悠久的民间艺术，核雕最早可追溯至春秋战国时期，经过数千年的发展，在明代达到艺术巅峰。经过千年的传承，这一艺术的火种仍然不熄，在普通的街巷间、不为人知的角落里都能焕发自己的生命力，这就是中华艺术代有传承的魅力。虽然称不上核雕名家，但是张爱民用一双手、一把刻刀，也刻出了自己的人生味道，丰富了自己的精神世界。

（徐从芬/文，于德水/摄）

刀剪镂光阴

——社区剪纸课堂传承非遗文化

"镂月为歌扇，纸上奏华章。裁云作舞衣，剪上出风采"。剪纸是中国古老的民间艺术之一，从唐代的流行到明清的鼎盛，一张薄纸在一双巧手和一颗慧心的剪裁下，变换出万种花样，也丰富了万千剪纸手艺人的生活。在济南王官庄街道英华苑社区，有这么一群剪纸爱好者，在剪纸"达人"蒋德静的带领下，或剪出喜气洋洋的节日图样，或剪出栩栩如生的垃圾分类宣传画，以剪纸艺术丰富老年生活，传承非遗文化。

传统剪纸遇见当代垃圾分类

当传统剪纸遇见当代垃圾分类，会擦出什么样的火花？

在王官庄街道英华苑社区，一把剪刀，一张彩纸，由老人们轻巧数剪，彩纸便化成一张张垃圾分类宣传的图案。剪纸活动进行不到半个小时，栩栩如生的四色垃圾桶等就出现在围观者眼前，让人惊叹不已。

传统的剪纸，主题多为梅兰竹菊、花鸟鱼虫等题材，英华苑的老人们是如何得心应手地创作这些垃圾分类主题的剪纸？

"枯燥的宣传垃圾分类，无法入普通居民们的内心，引起共鸣，通过剪纸这种艺术形式来宣传垃圾分类，让百姓在新奇的围观中不知不觉地就

沉迷于剪纸的蒋德静

了解了垃圾分类的重要性，挺有意义。"蒋德静说，老人们透过一把剪刀、一双巧手传情达意，以剪纸特有的精致和美深入贯彻垃圾分类的宗旨，不仅剪出了民俗风采，更剪出了新时代老人们的风貌。让大家在感受传统剪纸文化艺术魅力的同时，从内心认识到实行垃圾分类的重要性和必要性，让更多人行动起来，培养垃圾分类的好习惯，教大家如何做一个环境保护者。

一剪就是几十年　将技艺传承下去

剪纸老人中，为首的正是蒋德静，今年已经63岁的她，5岁时就在幼儿园学了剪纸。"那时候家里父母忙，就把我整托在幼儿园，周六晚才能回家，感谢幼儿园老师，教我剪窗花和各种花卉，迷上剪纸的我经常在家里剪来剪去，后来父亲发现我对剪纸的痴迷，给了我一把刻刀，教我刻纸。"蒋德静告诉记者，后来自己经常从日历上找空白地方练剪纸，17岁工作后才放下了。

2011年，济南在构建"和谐山东"进程中，居委会得知蒋德静会剪纸，让她参加比赛，她最终获得了一等奖的好成绩。剪纸的热情再次被激发，蒋德静拾起来剪纸技艺后，再没有放下，出门看花都随身带把剪刀剪个蝴蝶，坐公共汽车时，有了思路，都会随时想象出来回家变成剪纸的素材。

从一开始自己剪到带着大家剪，慕名前来学习剪纸的老年人越来越多。经热心的英华苑社区主任协调，她专门成立了剪纸活动室，至今已累计带了100个学员。

丰富老年人艺术生活

十二生肖图、主席像等红色主题图……在英华苑剪纸活动室，喜气洋洋的剪纸挂满四周，或栩栩如生，或率真质朴，或笨拙怪诞，无一不传达着剪纸艺术成员们祈求万事如意、吉祥和美的生活愿望。

"想不到剪纸看似简单，但学起来门道还真不少。不过静下心来完成一幅作品，特别陶冶情操。"采访时，66岁的学员王淑芬告诉记者，自己学了快3年了，剪纸没有模板，不会把自己框在里面，随心所欲地剪纸丰富了自己的老年生活。

在单位负责后勤工作的郭磊表示，自己白天忙家务没时间，每天晚上十点半忙完后开始剪，往往剪完就下半夜了，很多作品都送了人，单位同事也经常预约作品，让自己很有成就感。"有的小孩升学，送一张寓意美好的剪纸，他们都很高兴。"郭磊说，自己从剪纸中获得了自信，将会长长久久地剪下去。

59岁的亓美，从零基础开始学剪纸。"一开始学剪纸时快过年了，顺应年份生肖剪了喜气洋洋的小猪，剪完后特别有成就感，也从中找到

成员们的剪纸作品

了一种安静的快乐。" 亓美说，自己有时候剪起纸来都忘了做饭，但孩子们都非常支持，给买了各种纸张，让自己充分发挥。在她的带动下，小孙女也跟着学起来，家庭文化氛围越来越浓厚， 各种剪纸也把家里装饰得特别温馨。

"我没有远大理想，作为剪纸爱好者，只想把民族艺术文化传承下去，做一些力所能及的贡献，通过生活体会，也丰富身边老年人的退休生活。" 蒋德静表示，自己带领成员们不为名，不为利，对文化的热爱是金钱无法衡量的，只想把这一古老的文化技艺继续传承下去。

（徐从芬/文，梁栋/摄）

阳光先锋志愿者：
"硬核老年团"让阳光洒满社区

在济南王官庄街道九区，一群平均年龄67岁的老人们组成了一支阳光先锋志愿者团队，大到疫情防控、疫苗接种，小到宣传垃圾分类、维护楼道卫生，这支"硬核老年团"都当仁不让，率先冲锋，热情和劲头超越了很多年轻人。从最初的个位数成员到如今的几十人，团队越来越大，志愿者们无私奉献，帮贫助困，如阳光一样，用自己的小爱感动着大家，谱写着无边大爱。

抗击疫情：老年阳光先锋志愿团在行动

72岁的社区老人姚慧君，在2020年时以71岁高龄拿到一份光荣的战"疫"先锋荣誉证书。

作为王官庄街道九区社区阳光先锋志愿者服务队队长，疫情发生后，她主动请缨，组织阳光先锋志愿者临时成立疫情防控先锋队，每天对小区内道路和单元楼道进行消杀，对没戴口罩的过往行人一一进行劝阻，跑遍所有楼栋张贴防控防护通知，20多天没有间断过，成为首批"市中铁军·战'疫'先锋"38人名单中的一员。

拿到战"疫"先锋的荣誉证书后，她只说了一句："这个荣誉不是我个人的，它属于我们整个队伍，我只是志愿者中普通的一员。"

阳光先锋志愿者服务队于2015年成立，最多时成员达到近百人。成员多数都是退休的老年人，他们本可以在退休之后和家人共享桑榆之乐，尤其是疫情期间，子女们纷纷劝说："非常时期，其他人都在家不出门，您还去当志愿者，实在太危险了！"

"正因为是非常时期我才必须去一线，自己辛苦一点换来整个社区的平安也值了！"老人们都这样回复。

疫情防控中，他们一马当先。记得当初随着疫情扩散的形势越来越严峻，社区为了牢牢守住第一道防线，也采取了更加有力的管控措施。"严格检查'两证合一'情况，没有出入证的，一律不让进；外省回来的隔离14天，外市回来的也不能大意，隔离7天再办出入证。"王淑珍说，"关键时期绝对不能麻痹大意，我们多放进一个人，就多了一份隐患，前面做的工作都白费了。"

因为社区中居住的老年人很多，管控措施升级后，来看望老人的子女都无法进入小区，带的一些食物、药品也无法送到父母手中。对此，社区成立了"电瓶车小分队"，工作人员和志愿者变身"外卖骑手"，为居民传递"爱的礼物"。还有的居家隔离人员无法外出，志愿者们就主动为他们送菜、扔垃圾，尽可能地帮助他们，让他们生活更方便一些。

工作刚开始时，志愿者们上门登记排查，经常遭到部分居民的"嫌弃"，经常有人远远地就捂住口鼻说"离远点，别过来"。到后来，居民们看到了大家的无私奉献和辛苦付出，大家看到穿"绿马甲"和戴"红袖标"的，都会不约而同地说一句"你们辛苦了"，而这句话，足以让志愿者们温暖一个冬天。

每天奔走在抗"疫"第一线，嗓子疼了猛喝水、走得累了站会儿岗，志愿者们和上班一样，早出晚归、按时打卡，交上了圆满的战"疫"答卷。

管控措施严、宣传力度大、服务态度好……来自上级的肯定和居民的赞扬是对志愿者们的最好鼓励。社区综合党委书记、居委会主任王淑珍发自内心地说："疫情防控工作多亏了我们的志愿者队伍，他们实在太给力了，服务的热情拦也拦不住！"王淑珍每每提起这些并肩作战的"战友"们，都既心疼又骄傲。

助力文明城市创建

在阳光先锋志愿者团里，老人们找到了琐碎家事外的另一个自己。

在创建文明城市中，这个老年突击队干起活来也不服老。王官庄老旧小区居多，以前环境脏乱差，很多居民把蜂窝煤堆积到楼道内，造成整个楼道黑黢黢，一点都不符合美丽城市的形象。

为了改变这种局面，队长带队挨个楼道检查。"居民不搬我们帮他们搬，设置义务志愿者劳动日，每个月打扫楼道和楼底，洒下的汗水惊人，也挨了不少白眼，但是眼看楼道越来越干净，周围环境越来越宜人，群众慢慢也就理解了，支持我们的人越来越多。"

"我们都是老居民，退休了在社区发挥余热，有的一开始都不敢跟孩子说，怕孩子担心。但是一群人聚在一起，心里有个寄托，不就是'老有所用'嘛。"

九区志愿者队伍平均年龄67岁，干起活来却个个冲锋在前。王淑珍还记得，当初疫情严重时，担心人员过度聚集，存在一定风险，就让一些志愿者先回家休息。

"令人没想到的是，到了中午，几位被'劝返'的志愿者端着热腾腾的饭菜又回来了。'大家辛苦了，来，先吃饭！'包子、水饺、米饭、热粥……一连几天，每到中午和晚上，工作人员总能吃到志愿者阿姨们送来的热饭热菜。"王淑珍说。

"大家都这么忙，入户的入户，站岗的站岗，我们在家里怎么也待不住，这些孩子忙得都顾不上吃饭，我们就想着力所能及地给他们做点热乎饭吃，我们也总得为大家做点什么。"志愿者们一致说。

原来，姚慧君看着社区工作人员日夜忙碌，十分心疼，就组织部分阳光先锋志愿者成立了后勤保障组，为疫情一线的工作人员送爱心餐，让他们吃饱吃好、安心工作，用实际行动诠释了"奉献、友爱、互助、进步"的志愿服务精神。

"你们图什么呢？"志愿者们经常面对别人的这句疑问。记者了解到，他们都有退休金，在志愿者团队内不但不领钱，还经常拿自己家的东西补贴，但是一群老年人还是精力充沛，享受着奉献的快乐。

同在一个组织里，志愿者们平常也相互关心，哪个志愿者病了，组长都会组织其余人员去照看，给予力所能及的帮助，大家像一家人相互关照。

文艺相伴　岁月添彩

如今，在物质生活不断丰富的同时，老年人越来越注重文化生活的品质。在发展兴趣爱好中，老年人休闲锻炼、愉悦身心，保持着积极的精神追求。

朗诵《我的自白书》《颂晚舟》，表演舞蹈《祖国你好》，歌唱《毛主席诗词》……2021年9月30日，王官庄街道九区社区综合党委开展热热闹闹的"庆建党百年盛世，迎国庆时代荣光"文艺会演。

文艺演出以精彩的腰鼓表演《中国范儿》拉开帷幕，随后是舞蹈串烧《歌唱祖国》《撸起袖子加油干》《走进新时代》，朗诵《秋天里的中国》，舞蹈舞姿翩翩、朗诵声音洪亮，展现了居民拥党爱国的情怀和对祖国生日的深深祝福。随后社区舞蹈队带来舞蹈《草原祝酒歌》《雪山姑娘》《母亲》，演出最终在合唱《社会主义好》中结束。整场演出共12个节目，涵盖了朗诵、歌曲及各类舞蹈，丰富多彩的演出形式让大家大饱眼福，精彩纷呈的节目表演更是赢得台下观众阵阵掌声，现场气氛温馨而活跃，充分展现出辖区居民们积极乐观、蓬勃向上的精神面貌。

本次活动有效弘扬了社区睦邻文化，密切了党群联系，积极营造了家庭幸福、民族团结、社会和谐的良好氛围。同时，也让居民群众深切感受到社区"大家庭"的温暖和谐，进一步增强了社区综合党委的凝聚力、号召力，有效提升了居民群众的幸福感、安全感、满足感。

尤为值得一提的是，演员们一多半都是阳光先锋志愿者服务队的成员，志愿服务之余，他们也有丰富的娱乐活动。

"找到相同爱好的人，唱起来、跳起来，参加文艺活动，相当于享受一段愉悦身心的悠闲时光。正月十五玩旱船、打腰鼓、扭秧歌，每天固定时间跳广场舞，高兴得不亦乐乎。今年建党100周年，我们特意准备丰富多彩的'红色'节目，参加大大小小的表演，精神气儿倍足。" 老人苏先生说。

"我1992年就退休了，今年79周岁，对退休生活太满意了，在阳光先锋志愿者服务队里，身上有着满满的正能量，自己有精气神了才能暖到更多人。"79岁的李桂玲笑着告诉记者。

（徐从芬/文）

文化王官庄：解码街道的"活力之源"

一棵大槐树，一步两棵松；三山不见山，四座大名山；东白马（现刘长山），西白马，南青龙，北琵琶；五座无梁庙，二十处连桥……这段民间歌谣传神描述了老王官庄的景象风貌。如今，王官庄街道换新颜，从遍地的玉米庄稼地发展成漂亮的社区，在文化的浸润和滋养下，越来越充满生机与活力。

历史追溯：超过 200 年 "村改居"焕发新活力

王官庄社区的历史渊源是原王官庄村。根据社区内90岁以上的老人回忆，他们的曾祖父、曾祖母就耕种于此，历史能追溯到200年以上。历史上，王官庄村是济南通往泰安的必经之路。老济南在西十里河设有出入关口。现育贤四小位置原有一座大庙。庙南有赑屃（bì xì）驮着高大石碑，庙北有一座皇姑坟。

由于年代久远，这些景象目前在王官庄很多都已经无法见到了。老风貌已经渐渐失去，形成新风貌。

"王官庄社区是在原王官庄村的基础改变过来的，属于'村改居'。原王官庄村于1989年整体'农转非'，绝大部分集体土地被政府征为国有。"王官庄社区党委书记焦方峰介绍，历经"企业管理村居"后，2016

《青龙山下健身广场》　李智峰　绘

年3月，王官庄社区党总支和居委会正式成立。

至今，王官庄街道下辖11个社区，其中，有10个城市社区，分别为四区第一社区、四区第二社区、青龙山社区、八区社区、九区社区、十区社区、英华苑社区、诚品苑社区、映翠苑社区和西十里河社区；有1个村改社区，即王官庄社区。

文化搭台丰富活动载体，描绘社区同心圆

如何走出一条社区发展、风貌保护与城市更新有机结合、统筹推进的新路？面对这一难题，王官庄街道党工委副书记聂炜多次强调："要让群众从每一件小事、每一处细节上感受党和政府的关心，感受生活在王官庄的幸福。"

她所期待的也正是王官庄街道发展的"初心"，用幸福感和收获感填满这个社区，让市民共享幸福，而文化建设更是发展的排头兵。

如泣如诉的京胡，婉转悠扬的唱腔……每个周六，在王官庄街道十区社区，就集合着这样一群"戏痴"，他们早早地来到这里，以戏会友，传承国粹，让京剧吟唱环绕静谧的小区，集体活动也为街道增添了色彩。

王官庄街道英华苑社区的剪纸爱好者，在剪纸"达人"蒋德静的引领下，经常以喜气洋洋的节日图样，或栩栩如生的垃圾分类宣传画，扮靓居委会，也以剪纸艺术丰富老年生活，传承非遗文化。

……

王官庄街道11个社区都特别注重文化建设，充分挖掘利用优秀传统文化对居民潜移默化的宣教作用，不遗余力地提供工作室，在耳濡目染之间培育优良社风民风，进一步增强了居民对社区的归属感，强化了社区的凝聚力。

"王官庄近几年变化真的很大！"在王官庄街道西十里河社区生活的王春红在王官庄长大，成为王官庄旧貌换新颜的见证者之一，她笑着说，"之前王官庄周围就是一片玉米地，真没想到短短几十年发展得像今天这

样漂亮，一座座高楼建起，一个个漂亮的社区被建设完成，农民也都过上了城里人的生活。"

"以脏乱著称的道路变得宽敞又干净，京剧唱起来，剪纸贴起来，真正做到了'老有所养，幼有所教'。" 采访时，多位受访者都这样表达自己的喜悦。

走出社区发展、风貌保护与城市更新有机结合的新路

近年来，王官庄社区乡风文明建设稳步推进、亮点纷呈、效果明显，"生态宜居、乡风文明、治理有效、生活富裕"正在王官庄社区一步步变为现实，社区知名度、美誉度不断提高。

针对拆迁后农民身份转换以及老年人退休后不知如何安排生活的情况，社区通过提供免费活动室等，带动一批文体爱好者先活动起来，"书法爱好者协会""乒乓球社团""社区篮球队"等一大批文体队伍不断壮大。

王官庄街道还充分发挥老旧小区楼组长"热心公益、任职年龄长、群众威信好"的优势，积极引导辖区203名楼长在社区管理工作中担当"五大员"角色，为基层各项工作提供强大动力。担当政策法规宣传员。积极做好上情下达工作，及时将街道党工委及社区"两委"的有关工作安排、决议、决定向群众宣传。经常向群众宣传党的路线、方针、政策，当好社区普法宣传使者，大力宣传公民社会道德。担当社情民意调研员。街道所辖各个社区的楼组长定期到居民家中走访，了解居民的生产生活状况。掌握群众关心的热点难点问题及群众思想动态，并将重要情况、信息及群众反映的困难问题上报居委会，使居委会及时掌握社区一手资料。担当为民办事服务员。楼长扎实为社区群众办事，在帮扶帮困、计划生育、城市管理等各项工作承担着"网格"责任。同时，他们也是居委会联系居民的桥梁，扮演着留守老、弱、妇、幼贴心人，反映群众疾苦送信人，群众事务代办人的角色。

　　"目前仍然有不少村民住在自建平房中。改善村民居住条件，也成为王官庄社区下一步的工作方向和重点。"聂炜介绍，今后，王官庄社区将一方面发掘、保留有价值的王官庄历史文化，一方面努力推进、持续提高社区内居民的居住环境，走出社区发展、风貌保护与城市更新有机结合的新路。

（徐从芬/文）

《王官庄俯瞰》　李智峰　绘

党建引领"红色物业"
让街道焕发美和新活力

"兄弟，多亏了你，我这头发很长时间没理了，现在看起来精神多了……"在王官庄街道办八区社区，70岁的居民刘先生对刚刚给他理完发的网格员乐呵呵地说道。让百姓居有所安是获得归属感、幸福感的基本保证，也是夯实治理基础，凝心聚力建设美丽、温馨街道的重要手段。王官庄街道擦亮基层党建品牌，探索社区治理创新，成立王官庄街道"红色物业"联盟，让街道焕发美和新活力，这也是"红色引领"融入社区治理的实践成果。

网格理发师"私人订制" 小行动传递大爱心

笔者了解到，响应居民需求，王官庄推出"网格理发师"服务，志愿者定期上门剪发，解决了辖区内出行不便的老人理发难的问题，受到居民的一致称赞。这是王官庄街道延伸"红色服务"触角的一部分，街道精细化制定"三张清单"，通过"点单+定制"等方式，发挥党建引领下的"红色物业"管理服务专业优势，提供精准暖心服务。

探索社区治理创新，王官庄街道成立"红色物业"联盟，吸纳13家物业公司作为联盟成员，全面做优"红色物业"品牌，完善"政府引导、社会治理、业主自治、和谐有序"的物业管理新机制，通过整合资源，优化服务，将惠民服务做实做细，切实提高了辖区居民的满意度和幸福指数。

街道还依托机制，拓宽"红色议事"渠道。针对老旧小区改造问题，建立"三站式直通车协商平台""圆桌会议"等机制，通过"六步议事法"进行规范操作，即"出主意""提议题""拟方案""开言路""立公约""共决议"，实现小区改造从"群龙无首"到"核心引领"的转变，让物业企业与社区党组织同心同向，实现物业管理与社区治理融合发展，实践"红色物业"的基本要义。

擦亮基层党建品牌　激活基层党员"红色细胞"

为抓好各领域基层党建工作，2021年上半年，王官庄街道党工委不断提升基层党组织政治功能和组织力。

实施"清源提质"工程，严格按照相应程序、要求和标准发展党员，在上级下拨的16人的发展党员名额基础上，申请增加1个名额，上半年累计入党申请人47人，入党积极分子33人。抓好基层党务工作队伍建设，对社区书记、副书记、社区工作者共计33人，进行发展党员工作和党组织转接工作业务培训，提高社区党务工作者的党建理论水平和实务操作能力，促进基层党务规范化标准化开展，筑牢基层党建基础。做好庆祝建党100周年有关工作，召开庆祝中国共产党成立100周年暨"七一"表彰大会，评选表彰了16名优秀共产党员、12名优秀党务工作者、12个先进基层党组织，颁发238枚"光荣在党50年"纪念章，走访28名老党员，加强党支部标准化建设，以党支部为单位，逐一健全完善基础工作档案，持续提升标准化规范化水平。

西十里河社区综合党委和诚品苑社区综合党委所属的各党支部完成支部换届，四区第二社区、青龙山社区、八区社区、映翠苑社区、英华苑社区等完成了支部增补委员。

一系列举措，激活了基层党员"红色细胞"，凝聚起红色力量，探索出一条社区治理共建、共治、共享新模式。

激发"红色阵地"动能 探索"红色物业"服务多元化

"目前，居民对'红色物业'的需求呈现日益多元化的趋势，而服务于社区的工作人员对于涉及的专业知识掌握不全面，业主、物业公司、业委会三者之间的关系还未理顺，辖区内部分小区居民对于停车难、基础设施老化等问题反映较多，仍缺乏有效的处理解决机制。"王官庄街道党工委副书记聂炜，下一步，街道将以抓好党史学习教育和擦亮党建品牌为重点，突出党总揽全局、协调各方的领导核心作用，积极探索党建工作围绕中心、服务大局的有效途径，以高质量党建引领基层治理实现高质量发展。持续落实好"三会一课"等制度，认真开展主题党日活动，并依托线上党校"微课堂"、线下"讲习所"等创新平台常态化抓好党员教育工作，在街道上下营造风清气正、干事创业的良好政治生态。坚持深入社区、深入群众调查研究，实现由被动服务向主动靠前转变、由指出问题向解决问题转变、由随意性工作向计划性工作转变。

深化提升红色物业品牌是王官庄街道打造社区治理共同体的一个缩影。王官庄街道办还进一步健全"红色物业"项目工作制度机制，开展楼道公示、入户名片发放，"红色管家"集中培训等工作，发挥示范带头作用，吸引更多党员加入"红色管家"，组建志愿服务队，扩大"红色物业"基层治理项目影响力，不断提升基层治理体系和治理能力的现代化水平。

（徐从芬/文）

王官庄的"前世今生"——
见证普通人幸福生活创造的时代缩影

老王官庄四面环山，坐落在群山怀抱中，山不高，水常流，一年当中蓝天白云天数居多，环境优良。

如果村子也和人一样有性格、有脾气、有灵魂，那王官庄一定是有厚度的、内敛的、朴素的。它默默繁衍了数百年，不急不躁，用古老和质朴诉说着前世今生，见证岁月流转，阅尽无数沧桑。

历史追溯——村龄超过 200 年

王官庄存在多少年了？具体历史已经不可考，但根据村子里90岁以上的老人回忆，他们的曾祖父、曾祖母就曾耕种于此，历史最少能追溯到200年以上。王官庄位于济南市西南角，历史上的王官庄村是从济南通往泰安的必经之路。

遥想当年，最初的一户人，经过长途迁徙，偶然到此，发现这里有山有水，实在是个适宜生活的"福窝窝"，于是定居、驻扎下来，慢慢繁衍生息。一帧帧生活场景串联在一起，如同星星之火照亮乡村轮廓，慢慢形成一个大村落。笔者写到这儿，仿佛看到了当时村民们辛勤的劳动场景和幸福的生活。

出生于1935年，已经87岁高龄的刘茂森回忆，王官庄最初本名为"王皇庄"，传说是因为有一王姓官员在此安家落户，所以后来改名为"王官庄"，再后来曾被讹传为"王古庄"，至今仍有这种说法。

"南青龙，北琵琶，西白马，东白马"。距离王官庄最近的就是青龙山，青龙山因有溶洞，在民国时被称为溶洞山，目前溶洞仍存在。凭此地理条件，王官庄村民采石非常方便，当时一般人家都以农业为主业，砸石子为副业，维持家人生活。靠山吃山，在困难时期，村民靠在山上挖野菜野草、摘酸枣树的果子充饥。

人间烟火——慰藉村民心灵的大庙、柏树

王官庄之前直属历城县，20世纪80年代后才被划分到市中区。不同于一般村庄，王官庄内姓氏为王姓的人家并不多，以杂姓居多。在时代变迁中，王官庄曾有过四次拆除，但老庄部分至今变化不大，小心收藏着岁月留下的痕迹。

老济南在西十里河设有出入关口。老人们回忆，原庄内有山水沟，沟上有石板搭建而成的十二连桥。庄内现育贤四小位置原有一座大庙，由石头砌成。庙南有赑屃驮着高大石碑，庙北有一座皇姑坟。

新庙庙内有1座大庙、5座小庙。5座小庙样式不一，但都因缺少木材没有房梁，由石头堆砌，被统称为"无梁庙"。五庙之中，属西边的土地庙最大。当时民间流传这样一则歌谣："两个旗杆两个坑，两座小庙一棵松；两个影背一座钟，也没和尚也没声。"

庙里供的是菩萨，宫殿很大，里面有个天爷爷庙。当年，祭拜古庙是村里的习俗，也成为滋养村庄人的一种崇德古风。

　　大庙里还有棵古老的柏树，柏树的意义不仅与婚丧嫁娶有关，更承载了新生力量的希望。民间传说那柏树是掌管红白喜事的树神，家里穷，需要餐具用品来办红白事的人家，可以列个清单并在树下烧香，放下单子烧完香的第二天，树下就会摆好清单上的物品供人使用。后因人们送回去的盘子被摔坏，树神就再也不灵验了，就算烧香也无济于事。

　　20世纪80年代，为破除迷信，大庙被拆，另建新庙。那片土地变成了现在的王官庄小学，传说中被称为"树神"的柏树静静立在操场，见证着一代又一代学生的成长。

山水相随——最难忘怀的唐槐和大观井

　　村庄不是孤立存在的，总是会和树木、农田联系在一起，王官庄也不例外。

　　老人们回忆，大庙对面不远处有棵大槐树，树虽不高，但直径约有1.5米，四个成年男子才能勉强合抱树干一周。

　　提起这棵大槐树，王官庄内上了年纪的人无人不知无人不晓。树木盛年时期，树冠约占方圆50米，因树枝可伸过马路，素有"探海枝"之称。窃以为，南北朝诗人吴均《与朱元思书》中"横柯上蔽，在昼犹昏；疏条交映，有时见日"一句大抵可以用来形容此景。

　　王官庄社区党委书记、居委会主任焦方峰介绍，王官庄内的老人小孩们常常不约而同来此小憩，静享时光。老人纳凉闲聊，小孩们总不着急回家，三五成群地围绕着唐槐追逐嬉戏，带着探索世界的求知欲抱着树干丈量。胆大的孩子还会往树上爬，每次要等玩累了或者衣服裤子磨破了才回家。年轮流转千年，树下的石头早已被磨平了棱角。

　　大槐树附近有一口石头砌成的井，名为大观井。自唐朝以来，大观井滋养着世世代代的王官庄村民。彼时王官庄作为当时去泰安的必经之路，因南辛庄到长清沿路无水，所以大部分旅人都会选择在这里歇歇脚，取口水喝，大观井可谓拂去了无数赶路人身心的灰尘。也因此，大槐树生长处一度成了商贾繁盛之地，开茶馆的、卖锅饼的小商小贩都聚集在此。

时代变迁，现代人有了更为便捷的出行方式，王官庄家家户户也都安上了自来水管，为大观井供水的大湾也因环境变化水质变差，大观井终被填平，成为历史。

20世纪70年代开始，驻扎在村里人心里如同村里一分子的大槐树生病，后仅有一枝存活，因干枝太多怕砸伤路人，在80年代，王官庄大队决定将其砍掉。因其根深叶茂，砍伐时花了好几天时间，大队还动用了吊车。即便如此，大槐树前方50米的石柱下方也被树根缠住无法拆除。

新颜旧貌——时代变迁下的老印记

由于年代久远，历经四次拆迁，很多景象目前在王官庄都已经无法见到了。

1989年，王官庄村整体"农转非"，绝大部分集体土地被政府征为国有，村庄不断拓宽道路，盖起门头房，形成商业街，卖肉、布匹、五金、印刷……王官庄大小企业32个，成立王冠集团，村民慢慢走上致富路。

"从住窝棚，到住草房子，又到砖瓦房，20世纪80年代末90年代初开始住上了楼房。王官庄人日子越过越好。"出生于1955年的王冠集团老员工杨康铭说，出生于王官庄的人就近上学，长大了也大部分就近在王冠集团工作，即算嫁人、娶妻，也都是周围庄上的人，很多儿女跟父母住的都是"一碗热汤"的距离。也因此，王官庄的人很多故土难离，乡音难改。

虽然商业街比较繁华，但是一条街之隔的老巷仍然维持着原貌。年近90岁的老人刘茂森居住的大瓦房虽然稳健，但是经过几十年的日晒雨淋，已像一位历经沧桑、风烛残年的老人。从刘茂森老人的家走出，堂弄横竖排列，四通八达，通向老村的每家每户，熟悉的人闭着眼都能找到自己家在哪里，而陌生人就像是在走迷宫。

如今，这样的老风貌渐渐失去，不知道能留存多久。残缺透着韵味，暗淡透着灵气，这是城里人所看不到的景象，房屋正在加速老去，在年轻人眼里，也徒留对拆迁的向往。

王官庄是我们这个时代的印记，也是属于过去曾经在村庄里生活过的所有人的回忆。她如陶渊明笔下的桃花源，是离城里人渐渐远去的故园，也是老人们想要留住的家园。

（徐从芬/文）

第二编

舜耕街道

从"舜耕历山"到舜耕街道

历史离不开故事，故事离不开人和人活动的空间。

济南城南的千佛山，古时称历山。相传远古时期，虞舜曾在此耕稼过，即《史记》中所记载的"舜耕历山"之地。故千佛山又称舜山、舜耕山。位于千佛山以南的舜耕街道便由此得名。

"大舜手扶犁具，舒目远方，两位劳者辅助一侧，脚下是正在收割的稻谷，他们仿佛在兴奋地指点议论着眼前丰收的景象。"2016年，一组"舜耕历山"塑像在千佛山脚下落成，以生动形象的表现形式，将舜耕历山这一宏大的历史场景展现在世人面前。

传说，舜在历山耕耘种植时，捡石头、拔荆棘而造平地，以大象耕地。舜不打象，只敲筐箩，大象耕地深细，庄稼长势旺盛。地里长出草，群鸟飞来，用嘴掀去杂草。这就是传说中的"象耕田，鸟耘草"。舜种的庄稼长势好，收获丰盈，周围群众都赶来向舜求教学习。

无论是舜耕历山的塑像，还是"象耕田，鸟耘草"的传说，都在不同程度上展现出了大舜文化在舜耕街道的传承，及赋予舜耕街道的一种魅力。这种魅力更由于古代传说与当代生活之间的距离而披上了一层神秘的面纱，引发了当代人们对舜的敬仰及很多浪漫的憧憬，让人特别想知道，舜耕街道到底是一个什么样的地方。

济南的每一个街道都有自己的特色和风景。多次走访舜耕街道后，笔者发现舜耕街道树多、山多，与舜有关的地名多。

《蝎子山秋景》　李鸣　绘

立秋后的第二天，笔者又来到舜耕街道，不愿意错过街道里的每一处风景，便提前几站下了车，打算细细打量一番。

站在历阳湖的桥上看太和广场大转盘，看历阳湖里绿油油的水和盛开在水面上的荷花及湖周围或高或矮的绿树，看登山的台阶上来来往往的游人，还有抬头就能望到的金鸡岭和千佛山……

转头向南走，过一个路口就来到了舜世路。虽然秋天的风已变得凉爽，但阳光依旧火辣。好在舜耕街道的每条路树都多，舜世路上也是绿树成荫，阳光透过浓密的枝叶散落下来，瞬间变得温柔起来。

站在舜世路东南方向的兴济河岸上环顾四周，发现整个舜耕街道均被山所环绕，北有千佛山、金鸡岭，南有龟山，东有蚰蜒山，西有卧虎山……每一座山上都是绿油油的。

随走随看，转遍整个舜耕街道，与"舜"有关的地名随处可见——阳光舜城、舜耕路、舜世路、舜德路、舜风苑……问过这里的几个老人，原来这皆是源于"舜耕历山"的传说，后人为表达对舜的敬仰及对大舜文化的传承，很多地方都以"舜"命名。

（刘文玉/文）

《历阳湖》　李鸣 绘

《蚰蜒山红叶》 李鸣 绘

金鸡岭的传说

金鸡岭位于千佛山南麓，属千佛山风景名胜区，南邻历阳大街，山上林木葱郁，植物品种丰富，有侧柏、黄栌等。深秋季节，山麓沟壑处红叶似火，景色迷人。这座山还被登山者称为市区最有野趣的山。

在这座山下，住着很多居民，其中就有舜耕街道的居民。他们和它就像每天都相见的邻居，彼此一点都不陌生，但很多人从未想过，它为什么叫"金鸡岭"。

据舜耕街道的老人们讲，这源于舜克孝的故事，同时，也是舜与娥皇、女英的爱情故事。

舜的父亲瞽叟是个盲人，生母死得早，继母生一子一女，子名象。瞽叟顽固，继母凶悍，弟弟象则心胸狭隘，嫉妒心重。他们屡次要害死舜，都被舜躲过，而舜对他们仍旧孝敬仁爱。舜德行高尚的好名声传到帝尧的耳中，就把两个女儿娥皇、女英嫁给了舜做妻子。

每日里，勤劳宽厚的舜在历山之上种田，"有象为之耕，有鸟为之耘"。而两个如花似玉、温柔可人的妻子则在家里织布、浇园、烧饭，操持家务，一家人生活得和和美美。象看到了，由慕到妒乃至生恨，想出一条阴毒之计，欲谋害亲兄，霸占二位美丽的嫂子。

这一日，象心怀鬼胎地对舜说："哥，父亲让你明天去帮他修仓房。"舜是孝子，对盲父瞽叟言听计从，他不知是弟弟有害他之心，遂愉快地答应了。早已洞察象不良企图的娥皇和女英听说后，焦急万分，连夜飞针走线，赶制了一套新衣服，并用七彩的线在上面绣上凤凰，让舜穿在身上。

果然不出娥皇、女英所料，正当舜爬上仓顶专心修补房屋漏洞的时候，象撤掉了梯子，并点燃了粮仓下面的一大堆干柴，顷刻间，熊熊大火，浓烟滚滚，舜的生命危在旦夕。

看到这一景象，象哈哈大笑。此时，神奇的事情发生了。只见舜衣服上的凤凰在火中张开了翅膀，高声鸣叫着，驮着舜直向蓝天飞去，最后安全地落在了千佛山南面的小山上。当地的老百姓从来没有见过凤凰，看到这只长有彩色羽毛、外形像鸡的吉祥鸟儿，就把它叫作金鸡，从此，凤凰落脚的这座小山就被称作金鸡岭。

不管是"舜耕历山"，还是"金鸡岭"，虽然这都是一些传说，但在现实生活中有一定的启示意义。中国传统文化博大精深，我们推崇孝悌忠信、仁民爱物、正德厚生、以和为贵，而这些中国最难能可贵的道德文化，正是这些传说中所承载的大舜文化的内核。

白驹过隙，时光荏苒。从舜帝的上古时期，到中国特色社会主义新时代，虽已间隔几千年，但大舜文化的光辉仍照耀着他当年耕作过的这片土地。

在具体生活中，舜耕街道的居民也做到了完善并践行大舜文化，其中最基本的一点就是"化礼成俗"，即让道德回归生活，将道德的基本要求转化为人们日常生活习惯和基本生活方式，也就是道德生活化。当道德成为生活方式，道德行为成为理所当然，道德建设也就在日常生活中不动声色地得到了实现。

（刘文玉/文）

道德生活化最难能可贵（一）

"小巷总理"张红 13 年工作记

1949年10月1日，中华人民共和国成立了。20天后，中央人民政府政务院在北京宣告成立。22天后，在浙江省杭州市上城区上羊市街，250多名居民代表代表辖区2250户选出老百姓自己管理自己的一个组织——居民委员会。

居民委员会由主任、副主任和居民委员组成。其中，居委会主任因为工作在街头巷尾，负责的事务又包罗万象，以至很多人愿意把他们称为"小巷总理"。

崭新的中华人民共和国就这样一边铺陈开宏大设计，一边勾描着细腻工笔……从那时到现在，涌现出了越来越多的"小巷总理"。张红便是其中一位。

13年的"小巷总理"工作经历让张红对社区工作有更深刻的体会和话语权，对舜耕街道也更有爱和情怀。今年62岁的张红，退休不下火线，仍为社区工作发挥着余热，将大舜文化的内核"德为先"实践得淋漓尽致。

"党员应为群众干点实事"

"在我的印象中，居委会就干三件事：接接电话、管管计划生育、调解一下邻里纠纷。但是自从搬到了舜和社区，认识了张书记，才知道居委会原来可以为老百姓干这么多实事。"在舜耕街道，提起"张总理"，居民们都竖大拇指。

2001年，济南市市中区撤销七贤镇设立舜耕街道办事处，2002年3月进驻阳光舜城北城。阳光舜城是边开发边入住，居民来自不同的单位，张红是第一批入住的居民。入住后，舜耕街道便开始召集党员每周二开学习会。"那个时候，每天都能看到街道的工委书记夹着包、骑着自行车满街道转，因为街道没有正式的办公地点。居委会更没有办公地点，随后找小区开发商，便把建在社区里的一栋垃圾楼临时改建成了居委会办公室。"张红说。

垃圾楼改成居委会办公室后，开会的地点便设在了二楼。但没桌子、没椅子，所以每到周二，街道的党员们就各自带着小马扎去开会、学习，读报纸，学政策。

在社区住的时间久了，张红发现，这里连个卖菜、卖盐和酱油醋的都没有，年轻人能开车出去买，但年龄大的居民生活起来就特别不方便。她便在一个周二的党员学习会上，提出了自己的建议："我们党员开会学习，不仅要读报纸、学政策，更要为老百姓做点实事。我觉得，第一个要解决的就是社区老百姓吃饭的问题。"

"这不建议不要紧，一建议，这活儿就成了自己的。"张红笑着说。那天的会议结束后，她还没走到家，就接到了当时社区居委会负责人的电话，让她去把卖菜的人请到社区来，解决居民买菜难的问题。

张红便骑着摩托车开始跑八里洼集、吴家堡集，见到卖菜的就开始苦口婆心地劝说。"问了很多个卖菜的，人家都不愿意来，一是怕小区收费高，二是怕菜卖不完。"张红说，为了让他们没有后顾之忧，她就允诺不收任何管理费。跑了好几天，终于有人愿意来了。那天她特别高兴。没承想，在回来的路上，下起了大雨，没带雨衣的张红被淋成了落汤鸡，摩托车陷到了泥巴里，一个人推了很长时间才推出来，拖着满身泥水到了家。

那时，张红还只是一名党员。

"小巷总理"工作记——创建社区文艺队伍

2005年，张红当选为舜雅社区的党总支书记、居委会主任。这下更忙了。居委会成了她的家，所有的居民都成了她的"家人"。

怎么让生活在同一个社区的"家人"互相认识并喜欢上社区？如何让大家拧成一股绳，创造一个和谐的社区氛围？上任伊始，张红就开始琢磨起这些事。

眼看就要过年了，就从大家都喜爱的文艺活动开始吧。正月十五闹元宵，那就组织社区的居民来一场正月十五的文艺演出。"当时社区没有经费，我跑了三个物业'刷脸'要经费，两个分别给了100元，一个给了300元，终于凑了500元钱，买了28个腰鼓，然后又跑到当时的土屋庄借来演出的服装。"张红说。

没想到，一场演出结束后，前来咨询要参加文艺活动的居民越来越多。看着居民们都喜欢，张红便组织起了炫舞飞扬舞蹈团，随后又组织了彩虹合唱团。但是合唱团成立后，没有练歌的场所，怎么办呢？她就把居委会的办公室每周腾出一下午，把里面的桌子、椅子全搬出来，让他们练歌。慢慢地，为了满足社区文学艺术爱好者、摄影爱好者的需求，社区又建立了桑榆文化艺术会、老年摄影俱乐部……社区的文艺队伍越来越大，人数多达260余人。

于是，社区开始每年举办元旦贺春大家唱、新年炫舞辞旧岁、八月十五庆中秋等主题活动。同时，还联合社会团体、社区商家携手举办联谊会、书画笔会、民间藏品鉴定、歌舞比赛等活动。

在"历山"脚下这片舜当年耕作过的地方，张红时刻不忘传承大舜文化，她整合辖区资源，成立了山东省人文艺术研究院舜耕书画研究会，现已成为济南市书画界一支新生力量，并多次在省市级书画大赛中获得名次。她还带头成立了大舜文化传承促进会，开设大舜讲坛，发挥微信公众号等新媒体的作用，把大舜文化精髓弘扬到每一个家庭，使其落地生根，开花结果。

"小巷总理"工作记二——创办"《舜城生活》"

在舜耕街道每个社区的办公室，你会发现，每个报栏里都有一份"《舜城生活》"，这是舜耕街道的内部资料。翻来看看，都是街道内的事情，让人有一种"看一看，便知身边事"的感觉。

有人就说了，一份普通的社区内部资料，有什么大惊小怪的。可不要小瞧它，它可出了大名堂，受到了各级领导的关注和支持：原山东省委书记刘家义到舜和社区参加主题党日活动时给予高度评价；原济南市市长王忠林到舜和社区调研时给予充分肯定；中国工信部、中国科协、省政协代表团、省民政厅、省人口关爱基金会、济南市民政局，市中区委宣传部、文化局、组织部、民政局等领导对报纸给予高度评价；香港理工大学社会工作专业第五期硕士班专程来参观学习……

对《舜城生活》，舜和社区的一位居民饶有兴致地说："社区里有什么活动，街道上下了什么通知，社区里发生了什么事……不出家门，翻翻它就都知道了。就连我80多岁的老父亲都特别爱看，因为上面全是发生在自己身边的事，有趣有生活。"

"张主编"是怎么想到要办一份社区内部资料呢？谈及此事，张红依旧是快言快语。因为她的丈夫是一位媒体工作者，她切身体会到了宣传媒介的重要性。舜耕街道居住着省委、省人大、省直机关、驻济高校等单位的工作人员、家属及土屋庄、太平庄的回迁居民，分别分布在不同的社区。他们的文化程度、兴趣爱好、社会背景、收入水平不同，对社区的服务需求也存在着较大的差别。因此，社区整体存在着入户难、沟通难、参与难的"三难"局面。为了改变这种状况，与居民建立一个沟通的桥梁十分关键，她便提出了办社区内部资料的方案，以"报"为媒，更有效地做到上传下达。

办"报纸"是一份繁杂的工作，光靠一个人的力量是不行的。于是，她开始在整个社区及街道网罗人才。她把目标放到了桑榆文化艺术会，充分发挥桑榆文化艺术会的作用，组建编辑部。"会员张在仪原是齐鲁师范

《济南艺校》　李鸣　绘

学院中文系主任，可以让他把文字关。刘茂盛原是齐鲁工业大学设计教授，可以做美编。"想好了人员和分工，她就开始三顾茅庐请他们"出山"。

张红把办"报"的想法告诉两位教授后，他们立即表示想法特别好，愿意参与并大力支持，三个人一拍即合。"因为是内部资料，纯属公益活动，所以编辑部的每个人没有一分钱的工资和补助，即便是这样，他们也都愿意将自己的社区宣传好，让我非常感动。"

2007年年底，编辑部开了一个讨论会，会上确立了每月10号召开编辑部例会和选题会，各社区的通讯员和各版面的编辑都要参加，查找不足，总结经验，优选稿件。同时讨论确立了版面内容，四个版分别为《社区新闻》《文化教育》《生活服务》《社区论坛》。每个版面都与民生息息相关，不仅满足居民的文化需求，还让居民对身边发生的事拥有知情权，让居民关注社区发展、社区建设，并对此积极发表自己的意见和建议。

2008年1月，《舜城生活》正式与社区居民见面，成为舜耕街道所有社区的一个宣传"阵地"。

为守好这个"阵地"，每一位编辑都认真负责、兢兢业业。张红回忆道："有一次，晚上11点多了，我们看到一个居民写文章反映小区的一个窨井盖坏了，希望能及时修好。一看反映日期，已经过去了好几天，便打着手电筒去检查窨井盖有没有修好，如果修好了，这篇文章我们就不能登。"

编辑部的编辑平均年龄70岁，但在做《舜城生活》的这些年，他们认真、严谨、专注，经常每天审稿子审到很晚，同时也根据居民反映的问题做好解决和落实。"既然办了这份内部宣传资料，就要办好，真正成为社区居民的'贴心人'。这是我们编辑部所有人的愿望"。张红说，如今，他们这些"创始人"虽然都已"退休"了，但仍心有所系，行有所至。

"小巷总理"工作记三——创建"炫彩魔方"服务模式

转眼来到了2011年，张红又接到了筹备舜和社区居委会的任务。在舜雅社区6年的工作经验，让她总结出"群众基础是居委会工作的根本"这一经验。要想让居委会顺利成立，做好社区工作，最基础的就是要拉近居委会与居民的关系。

舜和社区居委会辖区都是较为高档的小区，居民来自全市各个单位。为了解辖区内居民的具体情况，张红先带着大家做了一份调查问卷，看看居民最需要解决的问题有哪些。"因为辖区内的小区多采用封闭式管理，刚开始时，连进门都是难题。"

为了解决这个难题，张红就和其他五位同事一起先跑物业，跟物业熟悉之后，总算是敲开了小区的大门。

"进了小区的大门只是第一步，坐进居民家里才能真正开展工作。有些上班族白天不在家，我们就加班加点，等晚上下班之后再登门。"张红说，从他们登门摸底开始，从居民知道舜和社区居委会开始，他们就做了很多居委会相关工作。"只要是居民需要的，只要是我们有能力办到的，我们都会想办法给解决。"

2011年5月，张红当选舜和社区党总支书记、居委会主任，至此，她在舜和社区"小巷总理"的工作才刚刚开始。

根据前期的登门摸底，按照舜和社区的实际工作，张红提出了创建凝力聚慧、全方位管理的"炫彩魔方"服务模式，即"红色——创建联动管理服务""橙色——创新特色活动载体""黄色——创建志愿服务平台""绿色——创新为民服务措施""蓝色——创建包片错时服务""紫色——创建双轨服务模式"。当社区需要服务时，只需转动一下魔方，便能聚集六方力量，全面提升了社区管理水平。

在"绿色——创新为民服务措施"中，张红提出，党员先锋、科教文卫、劳动保障、扶残助残、平安建设、环境美化、民政事务、计划生育、社会养老、社会组织十条服务专线，均由各项事务专人负责，而在服务中工作人员要严格执行"十办"标准，即"今天的事今天办，能办的事马上办，困难的事想法办，重要的事优先办，限时的事计时办，复杂的事梳理办，琐碎的事耐心办，说过的事记着办，答应的事坚决办，所有的事认真办。"

"张书记11年前提出的这'十办'标准，放到现在都不过时。能把老百姓的事当成自己的事，这就是一种担当和责任。"舜和社区的居民对张红务实、严谨的工作态度敬佩不已。

13年的社区工作使张红深深地体会到，干好社区工作，首先要有奉献精神，不能计较个人得失。要当好一名社区党总支书记，不仅要有干事创业的激情，还要有引领群众、组织群众、管理群众、服务群众的能力，始终要把居民放在心上，要紧紧依靠党员和群众，要不断地学习和提高，只有这样，才能得到居民的拥护和信任，才能真正成为一名社区工作的带头人，才能把基层工作做得更好。

"小巷总理"张红是我们国家治理体系和治理能力现代化进程中的推动者和见证者，更是舜耕街道社区居委会建设与发展的推动者和见证者，她的工作方式不断变化，但是"以人民为中心"的理念始终闪耀在街巷之间。在张红的身上，我们看到了大舜道德文化的践行和传承。

（刘文玉/文）

道德生活化最难能可贵（二）

"兵妈妈"齐亚珍：28 年公益奉献，将爱传万家

"我整天忙忙碌碌，感觉不到疲劳和辛苦，就跟打鸡血一样，浑身有使不完的劲儿。"第一次见"兵妈妈"齐亚珍时，她刚拜访一位抗战老兵回来，尽管她个子不高、身材偏瘦，但说起话来铿锵有力、目光坚定。她因为关心帮助了数百名贫困大中学生、流浪儿童、年轻战士，被许多战士喊作"兵妈妈"。

2021年是中国共产党成立100周年，舜雅社区居民齐亚珍组织泉城义工"兵妈妈"志愿服务队，先后拜访了十九位退役军人、参战老兵、军嫂，聆听老兵讲战斗故事，传承红色基因。齐亚珍说，关爱退役军人和老兵，不仅仅是退役军人事务局的事，作为拥军的"兵妈妈"和她的团队，更是责无旁贷，为退役军人和老兵服务，不讲任何理由。为老兵排忧解难，为政府承担一点责任。

在公益这条路上，齐亚珍已经走了28年，在拥军这条路上，她也走了26年。至今，在她的身上有很多标签：全国爱国拥军模范、山东省十大优秀母亲、山东省十佳兵妈妈、山东省三八红旗手、济南市十大文明市民标兵、热心泉城公益事业十大杰出人物……但即便这么多荣誉傍身，她仍最喜欢被人称作"兵妈妈"。

"苗苗阿姨"从幕后走到台前

齐亚珍是一位山东地质勘察公司幼儿园退休教师。从1994年开始，她就向社会上需要关爱的"孩子"奉献爱心，不想暴露真实身份，所以一直用化名"苗苗阿姨"。

在看电视节目时，齐亚珍一发现有需要救助的孤儿、失足青少年，就去邮局给他们汇款，在姓名落款一栏只写交警总队宣传科或"苗苗"。"当时考虑到若是有孩子不要这些钱再退回来，可以有个退的地方。"齐亚珍解释道。

1994年，她在一次车祸中受伤，在家躺着看电视时得知在106医院有一个也在车祸中受伤的小男孩，叫基磊。那孩子因被烧伤需要植皮。还在家中休养的她便瞒着家人，隔三岔五就带着补品去看小基磊，但她只说自己是"苗苗阿姨"。就在小基磊住院期间，交警总队宣传科收到很多莫名其妙的感谢信，一场寻找"苗苗"的活动就此展开。

有一次，齐亚珍给邮局打电话查询汇款单情况，被细心的工作人员听出来她就是那个经常汇款的人，她也因此从幕后走到了台前。

26 年认下许多"兵儿子"

1996年7月31日，作为"济南市十大市民标兵"，齐亚珍被济南军区某坦克训练基地六队聘为"义务辅导员"。有一次，她被邀请到部队搞活动，中午和战士们一起吃饭。"有一个叫温忠军的小战士，他不吃饭，一直拉着我的手。我就琢磨着这背后肯定有原因。"后来，她了解到，这个小战士自幼父母双亡，原来这孩子需要母爱！

在征得部队同意后，齐亚珍把温忠军请到家里做客。吃着可口的饭菜，享受着一家人的热情款待，温中军激动地说："既然来了，我就要认爸爸妈妈！"他站起来敬了齐亚珍和她丈夫一杯酒，齐亚珍认下了第一个"兵儿子"。后来，一发不可收拾，26年来认下了很多"兵儿子"。

"以前没有手机，部队的新战士就盼着父母来信，通讯员一来，好多孩子开心地一哄而上。但是，对没有父母的孤儿战士来说就是一种伤害，别人有信，他们没有，就很难过，偷偷上一边流泪。但是认识我以后，我就像妈妈一样给他们写信，通讯员来了，他们也会很自豪地说，哎呀，我妈妈来信了！"

那时，齐亚珍最多的时候，一天要写8封信，有时写得晕头转向，甚至把信装错了信封。同时，她也觉得这样写信效率太低，就开始学电脑，因为没学过英语，拼音也对不上。她的一个"兵儿子"就把指法及对应的英语字母和拼音字母写在了一张张小纸条上，她走哪儿背哪儿，连上厕所都要背上一遍。功夫不负有心人，经过一个月的努力，齐亚珍把英语字母和拼音字母都对上了，可以打字了，这大大提高了她写信的效率，同时还避免了寄错信的尴尬。

"现在，你们年轻人会的，我也基本上都会了，要跟上时代的脚步，不能落后。写信的时候，边防哨所十天半个月收不到，现在打个电话发个微信，什么问题都解决了。之前一些社会救助、贫困家庭救助，都要亲自跑，现在发一条短信、发一封邮件，许多问题就都解决了。要做新一代的'兵妈妈'，就要与时俱进。"齐亚珍说。

用自己的言行影响身边的人

2019年，齐亚珍从事公益事业25周年时，志愿者们为她举行了一场特殊的文艺演出。现场来了200多位志愿者和观众，有的是受她指引加入志愿者队伍的志愿者，有的是受过她救助的人，有的是与她携手在公益路上的伙伴，有的是她多年的"兵儿子"……一个个动情的故事在现场传颂。

一位"兵儿子"的家属要生娃，却怎么也联系不到当兵的丈夫，齐亚珍毫不犹豫地赶到洛阳这名"兵儿子"家中，照看家属等待孩子出生；小战士蒋友清身患白血病，齐亚珍心疼这名孩子，想尽办法挽救他的生命，她第一个为蒋友清做造血干细胞配型，成为济南造血干细胞血样采集第一人……

"第一次帮助别人，就是看望当时跟我一样因车祸受伤的小男孩，这是一件平常的小事。但就是这件小事，让我体会到帮助人的快乐，这也开启了往后这28年的爱心路。"齐亚珍说。1996年，她认下了第一个"兵儿子"，后来她认了很多"兵儿子"，她和每一个"兵儿子"之间都有着一段感人的故事，再后来，就是她和"兵儿子"们一起帮助社会上更多需要帮助的人。

榜样的力量是无穷的，除了拥军路上是模范，齐亚珍在济南也是知名的志愿者带头人，她带领的兵妈妈爱心团队走社区、农村，为居民送去欢乐和服务，她还每周带着志愿者们一起到荣军医院进行义务演出，为老功臣们送去欢乐；每周三到英雄山消防中队，为消防官兵做水饺、炒面等家常饭，让消防官兵时刻体会到亲人的关怀。

齐亚珍说，如今，她除了自己做这些公益活动之外，最愿意做的事就是给孩子们和大学生讲爱心故事，通过这些故事号召更多孩子和大学生加入公益志愿者行列中，让他们树立正确的世界观、人生观和价值观。"一个人到底能有多大能量，我不知道，但是我只要在这个世界上一天，我就愿意做一名快乐的志愿者，播撒快乐和阳光，用自己的言行影响着身边人。"齐亚珍一直这样告诉自己。

齐亚珍说，她一直有个心愿，就是将自己28年公益路上留下的珍贵图片做成视频，在媒体平台上播放，吸引更多人参与到公益活动中来。

梵·高说："爱之花开放的地方，生命便能欣欣向荣。"今年已经70岁的"兵妈妈"齐亚珍认为自己仍然年轻，仍然满怀爱与激情，她坚信自己会一直在公益的路上继续走下去。

（刘文玉/文）

土屋庄：一个沉寂了 600 多年的村庄

"仲宫、柳埠、八里洼、土屋，今天打瓦喝酥了……"这是土屋庄七八十岁的老人们小时候玩打瓦游戏时唱的一首歌谣，据说已经传了好几辈。这首歌谣证实了土屋庄在济南南部区域的地位和知名度。

据记载，明洪武元年，周薛两姓，自河北枣强迁来，临崖挖洞而居，"土屋"由此得名。至今，已有600多年的历史。

土屋庄三面环山，南临兴济河，从济南到泰安的古道自庄中通过，这条古道由三块青石板铺成，是能走铁疙瘩木轮马车的官道。庄中有千年古槐和酸枣树，两棵树至今还在，是一个山清水秀、交通发达的地方。

正因早年间土屋庄交通发达，所以生活在这里的人多且杂。慢慢地，村子里也开始有了自己的分布格局——东富、西穷、北官、南商、中神仙。即：庄东是大地主、庄长和首事居住的富人区；庄西是逃荒要饭、贩山果、卖豆腐的等穷人聚集的贫民区；庄北是历代达官贵人们的住宅区；庄南是小商小贩集居的区域；庄中间高高的庙堂是供奉"天地人"三神仙的三皇庙。

凡是在土屋庄定居的村民们，都不约而同地按照这个不成文的规定，住在属于自己的地盘上。

站在舜世桥上，看眼前兴济河的好风光，河里蒲草旺盛，两只小野鸭正在水面上抖动着身体，河的两侧绿树成荫，楼房林立。伴随着阳光舜城的入驻，土屋庄全部拆迁，如今早已看不到它原来的样子。很多人不会想到，这里曾有一个沉寂了600多年的村庄——土屋庄。

（刘文玉/文）

土屋庄的故事传说

在兴济河的北侧，有块酷似金蟾的巨石，人们都喊它蛤蟆石。此石通体黄褐色，长宽各丈余，重十余吨。

相传很久以前，兴济河水时常袭扰土屋庄，人们饱受其苦。某年秋天降大雨，兴济河水陡涨。大水自上游冲毁房屋、农田无数后，直逼土屋庄南头，村民们焦急万分却又无可奈何。就在这危急时刻，只见一巨石自上游漂流而下，来到村口转了两圈，稳稳地停在了土屋庄南进水口处，把洪水挡在了村外。土屋庄幸免于难，众乡民欢呼雀跃，非常感激这块救人于水火的巨石。大水过后，村民来到石边焚香跪拜，他们惊奇地发现，这块巨石的形状简直就是土屋庄的一个缩略图。上面有村庄的大体轮廓，甚至连庄中大道及南北两个水湾都能在上面找到。

这无意中的巧合更让村民笃信，蛤蟆石是来保护土屋庄及生活在这里的人的。

"蛤蟆石是个宝！怎么才能据为己有呢？"土屋庄邻村的一个大户人家天天挖空心思琢磨这个事。但蛤蟆石可不是一般的石头，重达十余吨，很难如其所愿，他却不甘心。某年，他重金请人谋划，不知花了多少银两，最后真就悄无声息地把蛤蟆石移到了自己的地盘，一座称为"谷山"的深山中。

土屋庄的蛤蟆石被人偷走了！人们既失望又无奈，更担心再遇洪水时无石保护。巧合的是，这年六月初六，也就是石头丢失后第十天，天又降大雨，整整下了一天，直到晚上仍没有停的意思。这下可把村民们吓坏了，谁还有心思睡觉，都在犯愁村口没了蛤蟆石的保护，大水一旦进村该如何是好。村民们惴惴不安地过了一夜，天明醒来，雨住风停，村民们惊奇地发现，十天前丢失的蛤蟆石又回来了，连位置都没变。村民们开始相信，蛤蟆石是属于土屋庄的，没有人能把它据为己有。

自此，人们对蛤蟆石的敬畏之心越来越重，甚至在很多村民心中蛤蟆石成了"神"。不管是家里老人生了病、小孩受了惊吓，还是牛被偷走了、灶房失火了，村民们都会来到蛤蟆石前说一说，求得它的庇护。

抗日战争时期，日军侵略土屋庄。途中看到蛤蟆石挡路碍眼，为了出行方便，就想炸掉它。某日，一队日军驮着炸药来到大石旁。神奇的是，他们还没站稳脚跟，炸药便在马背上爆炸了，当场炸死两个日军、一匹战马。从此，日军再也没敢打蛤蟆石的主意。

蛤蟆石这块神奇的石头，没有人知道它到底从哪里来，但关于它的传说被一代又一代流传了下来。

在兴济河的南侧，古道的路边，曾有一眼泉井，这是当年三省总督朱三省找人挖凿的，以解老百姓旱年没水吃的困难。朱三省是土屋庄人，家住庄北，在他成为三省总督后，为村里人修碾修磨，修路挖井。老百姓为纪念他，将泉井称为朱公井。

站在舜世桥上，已经看不到位于兴济河两侧的蛤蟆石和朱公井的样子。据说，蛤蟆石仍在原地，只是因为地上建筑物的拆迁改造，它被淹埋在了地下两三米的地方。而朱公井也早已成了后人的一个念想。但作为一位"新市民"或者后生晚辈而言，听着这些故事和传说，记着他们的功德，何尝不是一件非常有意义的事。

（刘文玉/文）

浓得化不开的"土屋年味儿"

"旧历的年底毕竟最像年底，村镇上不必说，就在天空中也显出将到新年的气象来。灰白色的沉重的晚云中间时时发出闪光，接着一声钝响，是送灶的爆竹；近处燃放的可就更强烈了，震耳的大音还没有息，空气里已经散满了幽微的火药香。"听着土屋庄的老人们说起他们小时候过年的场景，让我想到了鲁迅先生的小说《祝福》里这段描写过年的文字。

"民国时候物质匮乏，不像现在一样每天都像过年。小孩儿们自打进了腊月门，就天天数着数、盼着过年。"说起自己的小时候，几位八十多岁的老人好似又回到了童年时光……

土屋庄里的大部分村民家庭虽不是大家族，但为了让年过得体面，也都忙忙碌碌，将过年需要的物件都尽力提前买好、做好。

进了腊月门，满庄里瞧瞧吧，家家户户都在赶集，去镇上，甚至到城里购置炖肉炒菜的佐料、一家人穿戴的鞋帽，忙着做豆腐、蒸豆渣窝窝、摊煎饼、压米面炒茶汤、磨黄米面蒸年糕。走在街巷小胡同，总能闻到不同食物的香味。除了吃的要体面，孩子玩的、用的，人家孩子有的，自家孩子也要有。所以，大人们赶集的时候，家里有小小子的不忘买鞭炮、"滴滴金儿"，家里有小姑娘的就扯头绳、买头花和胭脂雪花膏……

伴随着腊月二十三小年送灶的爆竹声，及"灶王爷上天言好事，回宫降吉祥"家家户户老人们的念叨、祈福声，每家每户便开始杀猪、宰羊、割肉、买糕点供品。

　　到了年三十儿傍晚，各家各户的男丁都提着灯笼端着宗亲牌位到庄外路口迎祖先回家过年，进家门时还不忘在门口挡上一条挡门棍，以防那些无家可归的游魂野鬼入宅作乱。

　　对于庄里的很多孩子来说，一年到头吃过的最丰盛的饭菜就是年三十儿晚上。早几天就炖好的肉、准备好的菜无一例外都上了桌，一家人坐在一起，喝点小酒，有说有笑。虽然那时没有春节联欢晚会，没有那么多样的吃食，但是一家人在一起感觉幸福踏实。

　　吃过年夜饭后，整个土屋庄的男人们带着孩子都去庄里一间大土屋子守夜，女人们则留在家包水饺。孩子们玩累了想要回去睡一会儿，但大人们不让，因为他们笃信谁守夜最长谁就最有福气，他们都想自家的孩子沾着满身的福气。

　　五更将近时，从每家每户传来连绵不断的阵阵爆竹声，拥抱了整个土屋庄，在这繁响的拥抱中，人们迎来了新的一年。

（刘文玉/文）

爆竹声中一岁除，春风送暖入屠苏

"爆竹声中一岁除，春风送暖入屠苏。千门万户曈曈日，总把新桃换旧符。"宋代文学家王安石的《元日》描写出了春节除旧迎新的景象。

一片爆竹声送走了旧的一年，饮着醇美的屠苏酒感受到了春天的气息。初升的太阳照耀着千家万户，家家门上的桃符都换成了新的。

虽然在土屋庄喝不到屠苏酒，家门上也不挂桃符，但处处可见新年的新气象。

初一，新年的第一天。一大早，女人们就开始在枕头底下、座椅垫下拿出一家老小要穿的新衣，检查着每件衣服上有没有多余的褶皱。这一天，一家老小的衣服就是一家人的脸面，一点都不能马虎。

在一家女主人的紧张张罗下，大人小孩都穿好了新衣服，还都被精心梳洗打扮过，之后就开始挨家挨户拜年了。小巷胡同里，村民的庭院里……处处传来欢声笑语和对新年的祝福。

跟着大人们拜完年，孩子们便不约而同地跑到了蛤蟆石旁的场院上。他们是想看看五更时老人们给蛤蟆石供奉的五谷杂粮，蛤蟆石吃光了没有，如果吃光了便证明蛤蟆石很高兴，今年定是风调雨顺、五谷丰登。孩子们跑过去一看，转过头就边跑边喊："蛤蟆石吃得干干净净，今年又是一个丰收年。"像是在给在家里张罗吃食的大人们报喜。

"大年初二回娘家"这个从明朝就开始的习俗一直延续至今，虽说那时的交通不方便，但依旧挡不住嫁出去的闺女回娘家。一大早，她们就带着丈夫、孩子，拎着给爹娘的礼品，来到了土屋娘家。闺女女婿外孙要来，爹娘特别重视。早上一早便备好了酒和下酒菜，翁婿一定要好好喝一杯。在土屋，这天有个不成文的规定，就是闺女不能管女婿，女婿喝酒越多，越是显得娘家人重视。所以，到了下午回家的时候，街上的女婿们都醉醺醺地在路上蹒跚，有的新衣服上沾满了泥巴，有的边走边吐，但土屋庄的闺女没一个嫌弃女婿的。

初三送家堂。等到傍晚太阳落山了，各家各户的男丁都提着灯笼端着牌位将三代祖宗送到路旁，念叨着列祖列宗明年再来。老人们说，天亮时是不能送家堂的，因为此时在阴间是暗的，怕祖先们找不到回去的路。

初四到十四，基本就是知己亲戚间相互走动。同时，各个村里的表演队伍也开始串村演出，有唱戏的，有踩高跷的，也有耍龙灯的……

到了正月十五这天，各村的演出队伍就都聚到了一个大广场上，他们要来个大型会演，同时也是一场大型的比赛和观摩会。村民们当起了观众和裁判，看哪个村的戏班子唱戏唱得好，哪个村的高跷队踩高跷踩得好，哪个村的龙灯耍得好。

晚上明月初升时，戏台上的汽灯点亮了，龙灯中的七巧云彩灯点亮了，此时广场上一片灯火通明，锣鼓喧天，鞭炮也响个不停，飞上天的礼花更是美得耀眼，大人们喝彩，孩子们嬉笑……

美好且幸福的日子总是过得很快。在喜庆洋洋的气氛中，一转眼便到了惊蛰。惊蛰春雷响，农夫闲转忙。早晨雄鸡打鸣催着人们下田，布谷鸟也催着人们种谷。田地里的歌声、打牛的鞭子声、村里人的欢笑声，都绽放出了春的光彩，在这片生机勃勃的土地上，村民们播下了希望的种子，期待一年更大的丰收。

（刘文玉/文）

土屋庄人物志

在土屋庄600多年的历史长河里，出现过很多传奇的人物和故事，在这些人物和故事里，村里的老人听闻父辈讲起最多的，便是清末民初时的故事。

1904年，济南这座千年古城开来了第一列火车，济南正式开埠。开埠后，济南日新月异，规模不断扩大。作为济南南部区域地位和知名度都比较高的土屋庄，也越来越以宽广博大的胸怀容纳着文化、格局、见识等层次不一的人。"有人的地方就有恩怨，有恩怨就有江湖，人就是江湖。"循着老人们的讲述，让我们看看土屋庄的江湖事、江湖人。

（一）周三"快轮"

民国初时，民间一直传说着杀富济贫、行侠仗义的燕子李三的故事，而在同时期的土屋庄，也有一个跟燕子李三齐名的人物，人们都称他周三"快轮"。周三迁到土屋庄后，村里人看他跑得快，便给他起了"快轮"这个外号。

因为周三偷盗的都是高门大户，一直被政府追捕，所以，他从济南城里迁到了土屋庄，并改姓周。

周三虽然身怀绝技，但怕暴露自己身份，一直深藏不露。村里人知道他会功夫，还是在给他家盖瓦房时。

房屋完工时，有一个瓦工不慎将瓦刀留在了屋脊上，在大家张罗着搬梯子时，周三趁人不注意，"嗖"的一下就飞上了屋脊拿到了瓦刀，等人拿到梯子时，发现他已经在屋脊上，便问他是怎么上去的，他摇头不语，直叫人拿梯子来。

周三跑得到底有多快？村里一直盛传这样一个故事。说是在他赌博输光钱后回家取钱，回来时帽檐上挂满了雪，大家以为外面下雪了，但出去一看皓月当空，大家便心知肚明，不知道他去了多远的地方盗来的这些钱财。还有邻居们反映，他夜晚回家从不开关大门，都是从屋脊上飞上飞下。

但周三在土屋庄的好日子不长。有一天，他在邻居家帮忙时犯了大烟瘾了，在回家抽大烟时，被官府的马武队盯上。当他家被马武队包围时，他正躺在东屋的床上抽大烟。

为了不让周三逃跑，马武队先是包围了他家的院子，后有两名高手进东屋，三名高手抓住门框将门口堵住。周三一看形势不妙，赶紧将手伸向枕头底下掏枪，但为时已晚，他被马武队的人踩住了手腕，几秒钟的工夫，他就将手抽出，从床上一跃而起，冲上了房脊，欲从房顶破瓦而出。马武队的两名高手也飞身腾空而起，每人抓住他的一个脚腕，将他硬生生地拖了下来。众人齐将他摁倒在地，掏出尖刀挑断了他的脚筋，装进抬筐，抬到了监狱。

在他去丁字街口行刑的那天，村里卖豆腐的恰巧看到了他，此时他已经没有了当年的风采。在行刑途中，他给街边的商户要了酒肉，"不做饿死鬼，十八年后又是一条好汉"。走到丁字街，行刑的时间也到了，只见他人头落地，鲜血溅了一地，但用黄土一盖，卖豆腐的继续吆喝着卖豆腐，南来北往的人也像什么事都没发生过，继续走路。

（二）祝二彪

1914年，商人王盛三、纪海泉等人在济南经三路以北、纬七路以西、纬八路以东集资购地修建了一座二层U形串楼。此楼三面临街，围成一个巨大的三合院，因其在旧济南市楼房中占地最广、体量最大，所以号称"第一楼"，又名"八卦楼"。

一听这名，就知道是民国时有钱人去的地方，穷人想都不敢想，但土屋庄地主家的长工祝二彪曾去过一次，一度成为村里的热点人物。

祝二彪人如其名，是个五大三粗、体壮如牛的汉子，像他的母亲。他的母亲在河边洗衣服时，看一块石头挺好，就踮着小脚，走了好几里地，将这块石头搬到了自己的家门口，当坐凳石。这可是两个小伙子抬都抬不起来的石头。

祝二彪饭量极大，几亩山坡地打的粮食都不够他一个人吃的，只好常年在地主家做长工。人有力气，一个人干的活儿比好几个人干的还要多。

有一年年底，东家给了祝二彪两块大洋，祝二彪舍不得撒手。两块大洋可怎么花？真难住了祝二彪。用它买件大袄白天穿上抵风寒，晚上当被子？还是去"八卦楼"见识一下？为解决这个问题，他一边念叨"买大袄，八卦楼"，一边将这两块大洋从左手倒到右手，又从右手倒到左手，倒来倒去倒了一宿，终于决定去"八卦楼"。

从"八卦楼"回来后，祝二彪的嘴就没闲着过，因为人人见了都问他在"八卦楼"的经历和见闻，每次他都讲得神采飞扬，滔滔不绝："八卦楼的老板对我可尊敬了，先招呼两个漂亮姑娘架手上楼，再上好酒好烟好菜，八大碗的海参席那可真过瘾，比长工吃的咸菜窝头强多了；要喝酒姑娘给倒上，想抽烟姑娘给点上，想吃瓜子不用扒皮，姑娘嗑好后直接吐到你嘴里；姑娘们吸的洋烟卷吐出来一个圆圈连着一个圆圈，特别好看。"

街坊邻居们听多了，就分辨出了祝二彪话里的真伪，便挖苦道："两块大洋有这么高的待遇？隔天你领着我们去看看。"他无奈地只好说实话："这是我在'八卦楼'看到的不假，但人不是我。他们嫌弃我穿着破棉袄，还只有两块大洋，只让我进门看了看，真是狗眼看人低，等我发了财，也让他们看看，我祝二彪也是有尊严的。"

（三）伍疯子

在土屋庄，人们基本是一年劳作半月欢乐，一年都在辛勤劳动，只有正月初一到十五是不劳动的欢乐时刻。这些欢乐，除了暂时不为生计奔波之外，还能看到高跷队踩高跷、戏班子演戏。

先说高跷队，高跷队的队长是伍疯子。

伍疯子真名叫伍有福，从小家境富裕，娇生惯养养出了很多坏习惯，做了很多村里人看来出格的事，所以人称伍疯子。

伍疯子长得一表人才，本可以靠着祖上留下来的基业过得衣食无忧，但他酷爱踩高跷。每年冬天挂锄头后，便有高跷队队员到他家来练习踩高跷，早中晚管喝稀饭。几年之后，竟把几十亩好田、几处院子给"喝光"了，但也练就了高跷队精湛的技艺：几十里外的山村开集，他们踩着高跷去；青龙山顶庙会，他们踩着高跷去；泰山十八盘上山下山，他们也能踩着高跷上下……

他们不但走路稳当牢靠，而且还跑跳自如，配合双手和身段能表演各式各样的动作姿势。不但会倒走，而且还能蹲着倒跳，甚至能做飞脚、鹞子翻身、鲤鱼打挺等高难度动作。

伍疯子是打棒领头的，传说他能打出十几路棒花。那四面飞舞、八方开花、节奏鲜明、错落有致、乒乓脆响、出神入化的打棒，是其他任何人都没有的绝活。

伍疯子挥棒啪啪两响之后，便锣鼓齐响。锣鼓声不是长拖音，而是急促的高跷点：叮叮叮嘎叮，叮嘎叮嘎叮嘎叮。随着打棒的棒声、锣鼓的鼓声，后面的队员便在各自的位置，表演着各自的舞姿。傻小子、老媒婆、俊姑娘……一片彩旗飞舞，袍带纷飞，就像是一场好看的空中芭蕾。尤其是压轴的骑马装象叠罗汉，他们可以叠到三层，惊险刺激，到哪都能引来阵阵掌声。

伍疯子的高跷队名气不仅在济南南部区域、泰安一带名气越来越大，也传到了济南城里。

有一年正月十四，他们收到了请帖，邀请他们正月十五到大明湖鹊华桥上表演，他们爽快应约。

正月十五那天，他们早早就到了鹊华桥。到了一看，桥上全是冰，不踩高跷走上去，都滑得站不稳。他们这才明白过来，邀请他们来表演的那伙人其实是来砸场子的。

怎么办呢？进退两难，如果退，不仅表演费用拿不到，多年积攒的名誉也会毁于一旦。琢磨了一会儿，伍疯子想出了计策，上桥猛扎，只要在冰面上扎出一个洞，高跷踩在上面就会稳。和队员们商量后，他们决定开始表演。

踩到鹊华桥的桥中段时，"傻小子"只顾逗乐，踩到了冰下的一块石头上，一下滑出了几丈远，但他表现镇定，顺势来了一个就地十八滚，一个鲤鱼打挺跃身而起，接着和队员一起表演。此时，桥下的观众都看呆了，紧接着就是一片喝彩声："真了不起，在鹊华桥冰面上还能玩出花样！"

（四）甄六爷

戏班子的班主是甄六爷。

甄六爷年轻时负责盐务巡检，积累了不少钱财，后来看当差辛苦，更喜欢唱戏，便入股戏班，当了戏班的老板，开始跟着戏班子走南闯北。跟随戏班在外闯荡的这些年，甄六爷也会跑跑龙套，但他唱戏的功夫可不止跑龙套这么简单。

戏班子解散后，他又回到了自己的家乡土屋庄。这下，土屋庄变得更热闹了，之前只有高跷队，甄六爷回来后又召集一批戏曲爱好者开始排练戏曲，并成立了戏班。

跟着甄六爷学了一年后，演员们都有了基本的功底，这时，甄六爷就从城里请名角和名琴鼓师指导演员及他们的文武场（乐器是文场，腰鼓为武场）。在他的苦心经营下，不仅几年就将一个农村业余戏班子办得有模有样，还培养出了好的戏曲演员——几个女主角长得漂亮唱得动听，常常博得满堂喝彩；几个男主角英俊潇洒功夫了得，唱念做打样样都行；几个琴师更是经名师指点后，都考上了专业剧团。

甄六爷的戏班子演的主要是山东地方戏吕剧，有《天河配》《王小赶脚》《王定保借当》《龙凤面》《王汉喜借年》《井台会》《桃李梅》

《豆汁记》《李二嫂改嫁》《箭杆河边》《沂蒙红嫂》等，这些戏陪着土屋庄的村民过了很多年，至今，有的老人还能哼上两句。

（五）老牛

在甄六爷的戏班，还有一个"编外人员"老牛。因小时候生过一场大病，瞎了一只眼睛，但人聪明，记性好，擅长打快板。

甄六爷看他孤苦伶仃一个人，便让他到戏班来，在剧目间隙说快板，既能活跃剧场的氛围，还能让他赚点钱养家糊口。没想到，和戏班的戏曲一样，他的快板也很受观众喜欢。

有一年过年时，他用三个饭碗做道具表演了一段快板。他将三个碗分别夹在不同的手指间，上台即是一段开场白："我老牛，一个眼，手里拿着三个碗，过年上台说快板。"三个饭碗在他灵活的手指中发出"呱嗒，呱嗒，呱嗒嗒"的节奏，光是这开场，下面就是一阵掌声。"今天说的是那些抽大烟的《大烟鬼子还魂》，抽大烟的第一口抽的是火烧葫芦峪，第二口抽的是炮打四川，第三口抽得过了瘾，第四口抽得嗡嗡上了西天，抽大烟的跑堂的摔了盘子砸了碗，烧火的晃断风箱杆……"一段讲完后，下面观众就喊"再来一段"，不让他下台。

（六）云祥法师

云祥法师自幼出家，后经过全国潭柘寺、五台山、峨眉山等八大戒坛受戒后来到了济南南部一家寺庙当住持。年老后将庙中事交给了他的徒弟，自己回到了土屋庄。

在寺庙时，云祥法师是一个德高望重的僧人。他在寺庙增置了一套碾磨供附近村民使用，若有村民生了病却看不起，他就会免费看病施药，灾荒年还拿出粮食布施救济，深受当地村民的敬仰，所以庙里的香火一直都很旺。

但也有一帮靠偷抢为生的小混混，一直让附近的村民不得安生。有一天，这群小混混的老大赵六斗子，竟跑到庙里来偷鸡摸狗，被云祥法师发现后数落了几句，这下可把他给惹火了，便撂下话："等着，明天我非拿洋枪灭了你不可。"

第二天早上，赵六斗子果然拿着洋枪来庙里找云祥法师算账。云祥法师虽然武功高超，但也忌惮他的洋枪，便拿了一把单刀躲在庙堂门口，两个人他让他进来，他让他出去，就这样对峙了很长时间。赵六斗子看云祥法师不出来，他也不敢进去，就把枪插到了腰间。谁知，云祥法师一个箭步就从屋内飞到了院中，赵六斗子回头一惊，还没来得及掏枪，就被云祥法师抱住了，只听"咔咔"两声，疼得赵六斗子直叫："毁了，毁了！肋条起码断了3根！"云祥法师一听，便问："我要放了你，你用枪打我怎么办？"赵六斗子说："不会的，从今往后，谁敢到庙里捣乱，我就先用洋枪崩了他！"云祥法师说："也不能到附近的村民家里捣乱。"赵六斗子一口应下，云祥法师见他真心悔改，便给他贴了膏药送他回了家，并治好了他的伤，从此，庙里和附近的村里，再无人来捣乱。

庙里还有一棵一搂多粗的老柏树，老柏树上有两条深沟，据说，云祥法师练完功后，还要抱树一百下，日久天长，就将树抱出了两条深沟。

回到土屋庄后，云祥法师仍是那个深受大家尊重的人。虽然已年老，但他仍为看不起病的村民免费看病施药，留下了一辈子的好名声。

（七）马二爷

第一次世界大战时，马二爷曾是北洋政府派遣至法国的劳工，1922年才回到了土屋庄。

村里人听说，马二爷从法国回来时，穿的洋装，赶回了两头大牛，还买了洋酒。大家纷纷去看西洋景，看看法国的酒是什么颜色，大牛长什么样子，是不是比咱养的牛多只眼睛多条腿。走到一看，大失所望，这牛和咱们的牛没啥两样。倒是马二爷的西服洋装和深棕红色的酒，有点西洋的味道。其实，只有马二爷的衣服是从法国穿回来的，牛是从集市上买来的，那酒也不是洋酒，而是从青岛即妹酒馆买来的即妹黄酒。

瞧完了马二爷的洋装，看完了马二爷的牛，尝完了马二爷带回来的深棕红色的酒，村民们又迫不及待地问起来："欧洲和法国是一个庄吗？比南京和北京远几里地？""不是。欧洲比南京和北京远多了，要坐火轮船过太平洋。""火轮船轮子上带火吗？和哪吒的风火轮差不多吧？""太平洋是平的吧，顶几个大明湖？""法国人不会讲中国话，你能听懂吗……"问得马二爷哭笑不得，又不得不慢慢回答。

街坊们听着马二爷的经历，似乎听一年都听不够，催促着让他继续讲异国他乡的风土人情、第一次世界大战的战火纷飞，法国的语言、服装，还有青岛即妹酒馆和即妹黄酒……讲他们视线从未到达的地方，讲他们想要触手可及但又遥不可及的事物。

在中国上下几千年的历史中，土屋庄的这些人都是些小人物，说他们小，是因为他们都生活在社会的最底层，是普通得不能再普通的平民老百姓，有些甚至出身寒微，家道贫穷，但历史就是以另一种画面浮出水面，让人感受到小人物背后波澜壮阔与鲜活生动的大历史。

他们身上都携带着所生活的年代的基因和烙印，他们勇敢无畏，用自己的方式适应着也对抗着当时的时局，同时又追求着自己生活和存在的价值。

（刘文玉/文）

第三编

七贤街道

"七贤庄"由来的传说

　　七贤庄这个名字的由来，有着一段颇有神话色彩的传说。

　　据清乾隆三十六年（1771）《历城县志》（卷三）《地域考·里社》载："西南乡仙台三上领村三十三……七贤庄。"据传唐武德年间（618—626年），有七位农民从枣强县迁来定居，有一天正在地里干活，突然飘飘然飞上天成了仙。因为出了七位神仙，所以此地被称为"七仙庄"，1932年取谐音"七贤庄"，并沿用至今。

　　祖祖辈辈生活在这里的居民口中传说的七贤庄的由来，比史料中所记载的更加曲折生动。据说，有个本地大户人家的伙夫，每天中午都会挑着食盒去给下地干活的七个主人送午饭。有一天，这名伙夫像往常一样挑着沉甸甸的食盒去田地里送饭，饭菜的香味不时从食盒中飘出来。

　　走到半路上，伙夫遇见了一位瘦弱的老太太，看起来不是本地人的样子。老太太叫住伙夫，说是赶了很久的路腹中饥渴，可否给她一些吃食填填肚子。这名伙夫合计，反正他带的饭也不少，不如给这个老太太一点以解她的饥渴，于是便打开食盒让老太太取用一些。谁料到，一会儿工夫，老太太竟然把食盒中的所有饭菜吃了个精光。这下伙夫十分为难，他说："这叫我如何跟下地干活还等着吃午饭的七个主人交代呢，他们这不就没饭吃了吗？"没想到老太太微微一笑，说："你是个好心人，我不会让你为难的。你放心地往前走吧！"

　　伙夫半信半疑地继续往前走，心情也十分沮丧。走着走着，他只觉得担子越来越重，越来越重，打开一看，食盒又装满了饭菜！伙夫心想，或许是遇到了神仙。到了田地里，他把这件事儿告诉了七个主人，七个主人也没太在意，便吃了这些饭菜。没想到，吃完饭之后，这七个人便宛如神仙般徐徐升天了。这便是"七仙庄"的来历。

据说，这名伙夫也吃了剩下的饭食，但是他没有吃饱，只吃了个半饱。此前七贤庄附近还有座半仙桥，"半仙桥"则是由这个伙夫而得名，因为他没能成为神仙，而是成了半仙。半仙桥附近还有七仙祠，七仙祠中供奉的是七名神仙，传说是升天的那七个人成了王母娘娘的七个儿子。不过，这些遗迹都在时代动荡中或被损坏或消失了。

从史料的记载或者村民的口口相传中可以得知，"七贤"的名称是来源于"七仙"，但是有关"仙人"的说法就不一了。在《历城县志》中，记载了一个更为奇幻曲折的"七仙"故事。

据《历城县志》记载，天地初开之后，经历了一段长久的岁月，神州大地上人神相亲，展露出前所未有的美好景象。

有个由周御王统治的叫华宜国的小国，国王在国内广施仁政，圣德无边，但是他的百姓生活得并不富裕，因为这个国家的国土非常贫瘠。由于海岛天险，华宜国不会受到来自邻国的战争威胁，但是边界上却有很多强盗，导致边界上居民的生活总是不得平静。周御王的爱妃紫光夫人明哲慈慧，发愿要多生下几名圣子，把百姓的生活从纷乱中解救出来，让所有国民安康幸福。

一个百花争艳的春日，紫光夫人在后园中嬉戏，到了金莲花温玉池边正要沐浴时，忽有所感，莲花九苞应时绽放，化生九子。其长子是天皇大帝，次子为紫薇大帝，另外七子分别是贪狼、巨门、禄存、文曲、廉贞、武曲、破军，成为北斗七星。这七子或善或恶，化导群情。自然界天地的运转，四时的变化，五行的分布，以及人间事的否泰皆由北斗七星所决定。因为九子皆贵，紫光夫人这位九星之母被元始天尊封为斗姆元君，在《西游记》中被称作北极玄灵。

有一年王母娘娘寿辰，天庭举行蟠桃盛会，宴请各路神仙。元始七帝在其间吹嘘，喧闹之间，北斗七星风尘仆仆赶来。北斗七星素来清高且个性刚烈，元始七帝又狂妄自大，双方一语不合发生争执，竟然在蟠桃会上大打出手。原始七帝不是北斗七星的对手，于是又拉上太乙天帝等诸多神仙帮忙，引发了北天七皇大闹天宫的天劫。最终在紫薇大帝以及元始天妖的帮助下，这场天界大乱平定下来。七兄弟在这场天劫中得罪的神仙太多，自知各自性格怪异，不易合群，再留职天宫恐会再生事端，一番商议后遂决定一起退出仙班，归隐而去。他们留下了天枢、天璇、天玑、天权、玉衡、开阳、摇光七个弟子继任北斗星君。但是此七子所学不到他们神力的两成，因此北斗诸星名气渐弱。

一天中午，北方的天空忽然出现一片温和的七彩祥云，发出炫目的光芒，一圈灵鸟在天空中缭绕飞翔。人们看到纷纷跪下膜拜。之后七彩祥云随风飘落，从云层最外侧徐徐打开一扇金门，远远地看到无数奇珍异兽狂奔而至。这时，忽现七位神人，以炫目的光芒将禽兽击回，七仙临世，拾阶而来。天上的金门渐渐消散，好像没有出现过一样。因为七名仙人降临，这个地方就被命名为"七仙庄"，也就是现在的七贤庄。

后来，北斗七星帮助舜治理天下，也将道家思想传给世人，即万物皆有灵气，应当崇尚自然。舜还根据北斗七星的建议，列出了七项政事。《尚书》中记载："正月上日，受终于文祖，在璇玑玉衡，以齐七政。璇者，还也，玑者，几也，微也，其变微微，而所动者大，谓之璇玑。是故璇玑谓之北极。"

在民间，北斗七星或教授知识，或行医济世，或惩恶扬善，或占卜问卦。在济南就留有一座俗称"三角楼"的建筑，即为魁星楼，即贪狼、巨门、禄存、文曲星君在此救世讲学之所。北斗七星在人间广结善缘，布施于人，造福一方，得到百姓的爱戴和尊敬。终一日，返回仙班。

"七仙庄（后更名为七贤庄）"这个名字却留了下来。

（徐敏/文）

《醉人秋色·七贤山体公园》　尹仲群 绘

《休闲好去处·七贤公园》　尹仲群　绘

九曲庄旧事

　　九曲庄村（现称九曲村居委会）位于济南市市中区二环南路南端，东至十六里河，西至七贤庄，距离郎茂山约两公里。村庄由北向南遍布九条深沟，分别为灰山沟、夜猫子沟、长虫沟、西沟、东沟、南沟、四老婆沟、桥沟、石垃沟。这些蜿蜒曲折的深沟是村民进出村庄的必经之路，久而久之，在此地居住的人们便以此为村名。村南有老虎洞山，传言山上曾经有过老虎，还有一大一小两个老虎洞。

　　据村碑记载，明洪武年间，人们从直隶枣强迁此定居，因周围山沟有九个弯，故取村名"九曲村"。九曲庄村始建于明代洪武年间，早期村民大多从山西洪洞县大槐树或河北枣强县迁徙至九曲一带。韩姓最先迁入，随之四十多个姓氏的族人陆续迁入该村。

　　村内原有关帝庙、土地庙等民间文物建筑，因村庄拆迁现均已不存。原村内的几块碑刻尚存。其中《重修山门记》碑原碑位于村关帝庙院内，是清乾隆年间古碑，碑文记载了当时关帝庙山门倾圮，村民们捐资重修山门的事件。如今这块石碑上的碑文基本清晰可见。包括九曲庄村在内的附近村中多有关帝庙，一座关帝庙，也是一方水土和民俗民风的展示，寄托着人们朴素的信仰，与人们的生活息息相关。

　　《重修九曲里官路记》碑是明朝天启年间旧碑。碑文记录了当时九曲庄村的样貌："土地狭隘，而林木蓊蔚……青龙山环绕于北……每春月登眺东山，见其红杏丛中数家烟火……有泉曰乍虎，每逢阴雨即奔溃而出……吾庐而外，仅有尺地可通往来……"后来有人捐资修建了九曲庄村北面通向外面的一条路。村民口口相传的故事是，从前村中曲姓人家添了一子，耳朵不聋，但是不会说话。他意外得到一本医书并潜心研读，还常对照医书到四周山上采集药材，回家后自行研制并尝试给人看病。后来他名气越来越大，村外也越来越多人找他看病。据说一些有些资财的求医者，为了答谢他看病的恩情，修建了这样一条官路。

《警示》碑也是村中原有的一块古碑。据年近七旬的村民韩士禄介绍，九曲庄村原是比较贫穷和干旱的村子，村民们靠天吃饭。若是遇上干旱的年份，村民吃水都成问题。后来村中修建了一处水塘，用来积蓄雨季的雨水，以备干旱之时作为饮用水。为了提醒村民们爱护这处水源，遂树立了这块碑，勿要在水塘中洗澡、洗衣服等，违者处以罚款。

拆迁之前的村中有古道、枝繁叶茂的古槐，还有一棵树种极为珍稀的厚壳树。如今，旧村风貌已经不复存在，但是村民口口相传的很多故事仍然活色生香，比如大力士尤聪的故事。

原村子东南角的老槐树下，有个三四百斤重的石碾和碾盘。村中一户尤姓人家有个孩子叫尤聪，力大无穷；还有个青年叫孙聪，也是个大力士，村中人称他俩为"两棵葱"。据说，东边的兴隆村曾经出过一名火龙太子，两人是为了保护火龙太子而生。一年夏天，两人一起去南山赶集，一路翻山越岭又累又渴时看到一座磨坊，磨坊主人正挑了一担水。见到两人讨水喝，挑水人担心这两名人高马大的年轻人把水喝光了，于是借口挑水的地方太远、挑水不易而婉拒。后来两人回到村中，合计着磨坊主人是故意为难他们，于是两人连夜赶回磨坊，一人将碾盘上的石碾扛在肩上，一个用碾棍将碾盘背到背上，随即悄悄离开，扛回了九曲村。

除了这些颇有传奇色彩的故事，最让村民们引以为豪的真实事件是村中居民合力杀死三名日本兵。1943年，济南处于日军统治之下，日本人还编发了一些教材让各村私塾先生讲解，并且不定期突击检查。这年，附近的日军联防队派出四名日本兵突击检查，一人去了八里洼，三人可能因附近沟壑太多而迷路到了九曲村。当时九曲村的庄长（日军占领或统治区域的村长）梁风耄，人称梁四爷，以及他的助手韩毓梅，听说村里来了日本兵，一边出面接待，一边让村里的妇女躲到村后的山洞中。

三个日本兵吃饱喝足后要找"花姑娘"，并且发现了藏在山洞中的妇女。梁四爷和韩毓梅千方百计缠住日本兵，同时村中的青壮年也一起围了上来。日本兵见状掏出手枪，情势有些危急。就在这时，参加过同盟会回乡养伤的孔凡保见三人只有一把枪，就鼓励大家不用怕，继续拿着铁锹、锄头和日本兵相持。相持之下，日本兵冲着前面的梁世元开枪，子弹打在了他的锄杆上，下一发子弹却打不出来了。孔凡保说，要不就是没子弹了，要不就是手枪卡壳了。韩毓梅一听立即高喊："年轻人，怎么还不动手！"村民们立即冲了上去。

两个日本兵向北台崖子跑去，另一个则慌不择路向村南跑去，跑到一条大沟处便跳了下去。紧追其后的村民梁玉玺和张书善也跳了下去，两人把日本兵堵在沟里，随之张书善一铡刀就结束了日本兵的性命。两个往北跑的日本兵也被村民追上，其中一个被村民们用扁担痛打，当场毙命。另一个跑上北台崖子，眼看就要逃出九曲村时，正好碰上卖豆腐回来的村民，这个日本兵也被前后夹击的村民打死。

村民打死三名日本兵，这可是了不得的大事！韩毓梅让人把三个日本兵的尸体扔进西沟的枯井中，又让放羊的村民赶着羊群在打死日本兵的地方来回走，以消除掉打斗的痕迹，还叮嘱村民们勿要走漏风声。说来也奇，当晚天上下了一场雪，九曲村内外都覆盖了一层厚厚的积雪，一片白茫茫。

次日，附近的日军联防队准备到九曲村找三个失踪的日本兵的下落，他们来到村北，只看到无数弯弯绕绕的沟坎，而且几乎是一样的路，无法分辨。忙活了半天，联防队的人怎么也从山头中走不出来，完全迷路了，再也找不到九曲村。

此后，日本兵再也没来过九曲村。而村民们团结勇杀日本人的举动，至今在村民中口口相传。九曲村虽然曾经闭塞和贫穷，但是这里的人们不乏刚猛和果敢之气，才有如此值得记录和歌颂的壮举。

如今的九曲村居委会的所辖范围包括九龙山庄和九曲祥盛苑小区，居民们的生活发生了翻天覆地的变化。村庄厚重的历史文化和居民们爱国爱家的传统代代相传。

（徐敏/文）

双龙庄的文脉传承

　　在市中区郎茂山路西侧，有一处醒目的青石牌坊，牌坊正上方有三个醒目的烫金大字：双龙庄。

　　双龙庄地处市中区丘陵地带，坐落于青龙山南麓，整个村庄呈东西走势，东高西低。"双龙"这个村名十分大气，其来源也颇有几分文化意味。据说，双龙庄村域土质肥沃，适宜草木生长。每年春天来临之时，青龙山东南方的草木返青格外早，从远处看恰似一条横卧在山坡上的绿色草龙。而在青龙山西南方的岩壁上，则另有一条栩栩如生的石龙，村南石堰上还发现过数截石头雕刻的龙身，其犄角、巨爪、鳞片皆雕琢细腻，故谓之"双龙庄"。

　　双龙庄村头原有一块村碑，设立于1987年7月1日。村碑背面这样记录双龙庄村名的由来：清朝顺治年间（1644—1661年），邱、刘两家先后迁址到青龙山下看墓地。因当时青龙山上有一条草龙，山下有一条石龙，故名。

　　追溯历史，双龙庄不少家族均是从外地迁徙而来，后在这里定居繁衍至今。据双龙庄村《井氏族谱》记载，双龙庄井氏始祖从直隶枣强县（今河北省）迁至井家沟村后又迁来双龙庄村；据双龙庄村《绳氏族谱》记载，双龙庄绳氏始祖于清代乾隆年间从直隶绳家庄迁至双龙庄村；据双龙庄村《于氏族谱》记载，于氏始祖于清代嘉庆年间从济南市西郊大杨庄迁至双龙庄村；据双龙庄村《张氏宗谱》记载，张氏十三世于1942年迁至双龙庄村。之后，又有三十多个姓氏的族人陆续迁入双龙庄，这里也逐渐成为热闹繁华的一处村域。

双龙庄村不仅有着悠久的历史，生活在这里的人们历来也重视历史文化遗产的保护和传承。此前，村中有一处关帝庙，这处关帝庙始建于乾隆十九年（1754），甲戌年仲夏，位于双龙庄老村中心，距今已有260多年历史。据史料记载，原庙院东西长约18米，北宽14.86米，南宽13.30米，占地面积约255平方米。庙内主殿两间，占地面积约为17平方米；另有西屋三间，占地面积为34平方米。庙堂为石头垒砌，房顶用老木搭建。起初，庙门东侧有一个土地庙，西侧是座钟楼。

庙中有一块设立于建庙之时的古碑，碑文记载："常闻古人云，福缘善庆是人之获福必由于乐善也，然独乐善尤不若与众乐善之焉大也。兹有善士邱甸夙抱善念，仰钦圣帝忠义，每欲建祠供奉，唯恐力浅难成。今承众善士喜施资财，共成此事。须当设石以志不朽之。"这段文字记录了当时村民修缮关帝庙的初衷。

新中国成立前后，双龙小学一度设于庙院之中，主殿及三间东屋曾作为教室。历史上，关帝庙曾进行过两度维修，但均未留下记载。老庙历经百年风雨，又因兵戈战事及"文革"，再加之疏于管理等，使其荒芜不堪。庙内神像及其他之物皆毁之殆尽，仅存院门、正殿，也濒临倒塌。

关帝庙破败多年之后，2010年5月，应广大村民强烈要求，由村民井远致、张新明、贾玉祥、于国兴、崔荣怀、柏玉柱、井远和、井远明、张士才、绳可桐、穆兆奎共同倡议，村两委会决定重修关帝庙。经商议，采取民间捐资与村委会投资相结合的形式，修庙所需费用民间捐资不足，剩余由村委会投入资金完成。工程历时一年多，关帝庙在原址原位修建而成。

重修后的关帝庙古朴典雅，焕然一新。庙门上方石板刻有"关帝庙"三个大字，庙内正殿是关圣殿，殿内供奉着关公神像，神像左为扛刀周仓，右为捧印关平。大殿门口两侧的墙壁上绘有两米多高的关公事迹彩绘，主殿正对一座长、高约一米的香鼎，两旁放置石灯台，庙内西侧设置一座小香台供烧纸使用。遗憾的是，2021年8月，因拆迁修路等原因，复建后的关帝庙再次拆除。

此前，在双龙庄内能够看到不少镇墓瑞兽。据说，因双龙庄址历史上本为颇具规模且规格颇高的坟冢之地，先民邱姓、刘姓两户人家最初是被差派看守墓地者，日后繁衍生息遂成村落。由此，庄内多见有赑屃（墓碑基座）及石羊、石龙等镇墓瑞兽。数年前，村民还亲眼所见在离双龙庄不远处发现一佩剑（佩剑已断）石人，判断该石人当为守护墓地的武士。

赑屃，又名龟趺、霸下、填下，龙生九子之长，貌似龟而好负重，有齿，力大可驮负三山五岳。其背亦负以重物，多为石碑、石柱之底台及墙头装饰，属灵禽祥兽。双龙庄的这尊赑屃体型庞大，长约3米，宽、高皆约1.5米。它曾两度被挪动位置，人民公社时期，为了方便农业生产将其挪动过一次，后来新建双龙小学时再次将其挪动。村中原来还有三尊石羊，一尊因拆迁掩埋在地下，另外两尊同赑屃一同安置在龙盛苑小区。据村中老人讲述，还有诸多石雕文物在20世纪70年代被埋进周边田地中了。

至今，还有居民怀念过去村中几棵参天的古树。村庄拆迁之前，村后坡有棵皂荚树，植于20世纪初，树高10米以上，直径约40厘米，70年代左右，农民常捡落下的皂角磨成粉代替肥皂洗衣去污。还有几棵高大茂盛的枣树和槐树，陪伴和护佑着村民度过了多年的悠悠岁月。

现在，经过拆迁后很多遗迹不复存在，不过关于双龙庄的故事仍然会代代传下去。

（徐敏/文）

雄浑犹存马武寨

　　在济南市区西南处的七贤庄社区东南约两公里处，有一处连绵十余里的群山，山体横跨二环南高架路石房峪山隧道。自远处望去，这处群山部分被植被覆盖，裸露的部分呈青白色，颇有几分雄浑之势。这里其中一处就是马武寨山，海拔248米，山上至今还有马武寨的遗迹。

　　马武寨，顾名思义，其名称来源于东汉大将马武。马武的出生地在今河南境内，少年时期为避仇家移居今湖北境内的江夏郡。后来马武加入绿林军，为新市兵将领。更始二年（24），马武归顺大司马刘秀，任捕虏将军，随军南征北战，平定四方，协助刘秀建立东汉。《后汉书·马武传》中记载，光武帝即位后，马武拜侍中、骑都尉，封山都侯。汉明帝永平年间，明帝追忆当年随其父亲刘秀打下东汉江山的功臣宿将，命绘二十八位功臣的画像于洛阳南宫的云台，马武名列其中，为云台二十八将之十一位。

　　国内其他地区亦有马武寨。济南的这处马武寨，据传是在西汉末年王莽篡权、马武尚未遇到刘秀时，在绿林中聚集一些人至此安营扎寨，故称马武寨。也有一种说法是马武因生性爱酒，豁达敢言，后来得罪刘秀后一度在此处的山上修筑寨堡，马武寨由此得名。两种说法究竟哪种为真，因史料缺乏已不可考，不过马武曾在此驻扎应为史实。马武寨山东西山势陡峭，多为悬崖峭壁，多个山头两面或三面绝壁，地形险要，易守难攻，是一处绝佳的军事防御地点。

现存的史志中也可以找到对马武寨的记载。明末崇祯《历乘》与《历城县志》说法类似，其中《历城县志》中记载："马武寨，卧狼山西，史称武未遇光武时，绿林渠寇流劫至此。旗墩石龛犹存。"从这条记载中可以看出，明朝末年时，马武寨残存的历史遗迹不过是旗墩和石龛。

如今想要寻访马武寨的遗迹，可以从七贤庄社区的马武寨山体公园攀山而至。马武寨山体公园于2018年建成，一条上山的石板路掩映在两侧茂盛葳蕤的植物中，远离都市喧嚣，颇有几分意趣。顺着这条石板路拾级而上，先抵达的是当地居民称之为北顶山的山头，沿着山路继续前行，翻越两三处山头就来到了马武寨山。秋高气爽的季节，攀上山顶之后有豁然开朗之感，城市，群山，还有马武寨的遗迹尽收眼底，一股沧桑雄浑的历史感扑面而来。

马武寨山可分南、北两个山头。南寨为主寨，即人们所称马武寨。它形似钟，坡陡崖高，山门、围墙、院落、巷道自成一体，寨内有街巷、院落。北寨位于主寨西北，称为"北岭"，亦有石墙为屏，墙后为壕沟。马武寨山山顶平整开阔，可容万人，如今还可以看到残留下来的30余间石屋，还有青石砌成的高大围墙和拱形大门，以及战争年代的圆形碉堡。一段连绵的寨墙高达丈余，还有残留的战壕依稀可辨，即便如今更多的是断壁颓垣，当年的金戈铁马和炮火轰鸣似乎仍在目前。因东西向地势险要，马武寨山在历史上作为济南西南部的防御屏障，清末和民国时期出于防御的需要，在山上修建有多处冷热兵器防御设施。其中南寨和北寨是清代同治年间修建的防御捻军设施，而北山在民国时期修建有环山防守掩体。

清朝年间，曾经有流民来马武寨避乱。此前北寨山门外有一块硕大的石碑，石碑为《马武寨避乱碑记》，立碑时间为"大清同治六年七月"。这块石碑现已经被相关部门收藏保护。碑文已经模糊，《七贤镇志》中的碑文梗概大概记录了人们来此避乱的前因后果："咸丰辛酉之岁，南匪入寇，附近乡民为避祸乱，在山顶建石房以居住和存粮，凿水坑以蓄水饮用，垒院墙以御贼。"从马武寨的地形来看，东西陡峭，南北为山梁，北面山梁落差很大，南面略为缓和，故重点防御，由此形成"一夫当关，万夫莫开"的天堑。这段记录还说明，山顶上的石屋是清朝在此避难的流民所建，而非东汉马武驻扎时的遗迹。如今在残存的石屋内的一些青石上，依稀可以看到一些残留的刻字，如"公安堂记""七仙庄""玉树堂"的字样以及一些人名，应该是当时在此避难的流民所刻。这些刻字清秀美观，一笔一画颇有大家之范。

因其地势的特殊性，在解放战争时期，马武寨也曾经是国民党部队的一处重要据点。许世友是济南战役攻城总指挥，在《许世友回忆录》中的《攻克济南》篇章中记录："我东线集团夺取茂岭山、砚池山后，继续向西挺进，连克燕翅山、马武寨、甸柳庄、马家庄等地。敌增援部队在强有力的炮火掩护下，拼命反扑，企图夺回已失阵地，未能得逞。"从这段记录中可以看出，马武寨是一处重要的战略据点。

在马武寨山山脚下生活了几十年的老人，还能说上数十年前马武寨遗迹的样子。今年58岁的七贤庄社区居民李继禄自幼生活在这里，如今是这片山的看山人和负责防火的工作人员。这些年来，这座山李继禄不知道爬过多少次，山上的一草一木都十分熟悉。据他回忆，小时候上山都是顺着人们踩出来的土路往上爬，手脚灵活的男孩子们不多会儿就能攀上山头。那时候，解放战争时期使用的战壕还比较完整，共有三层，宽大约有70—80厘米，从半山腰一直绵延至山顶。战壕的边缘均是用青石板一层层垒起来的，坚固美观，还能分辨出哪里是射击点，哪里是指挥所。

随着时间的推移，无论是马武寨山山顶的石屋、石墙还是战壕，都逐渐破败。十几年前，李继禄在山上放羊时，石屋又有不少已经坍塌，战壕也只能依稀辨认出往日的痕迹。稍感欣慰的是，仍然会有一些人为了保护马武寨，做出哪怕微小的努力。李继禄说，此前山顶上有一个很大的圆形碉堡坍塌了小半，有一名可能是退伍兵的附近居民上山时就会修复这个碉堡。他就地取材，选择山顶上合适的石材把碉堡坍塌的地方重新垒起来。如今，这个碉堡的形态已经基本修复完善。

现在，除了附近居民会上山健身休闲外，也有一些文史爱好者以及驴友慕名攀爬马武寨山。千年风云已过，山顶存留的石屋、寨墙见证和经历过一次又一次的人事往来，时代变换。太平年代，战火硝烟远去，留下了一段段壮阔的往事，只有马武寨山仍然雄浑地屹立在这里，千年不变。

（徐敏/文）

《马武寨寻迹》 尹仲群 绘

记录一脉家族迁徙繁衍的李氏碑刻

　　暮春的济南绿意浓郁，斑驳而温柔的阳光触摸着世间万物，一切美好而安宁。这是一个适合听故事的季节，记录了一脉李氏家族自明朝洪武年间繁衍至今的历史的李氏碑刻，安然坐落在市中区七贤文化城东南角的一处院落中。

　　几株高大的山榆和槐树枝繁叶茂，枝叶蔓延过石墙伸进小院。院墙外面，几只猫狗悠然追逐，时而传来的几声母鸡的"咕咕"声，让人忘了这里其实和车水马龙的街道相隔并不远。院门外的墙上嵌着一处"济南市市中区文物保护单位 七贤村李氏碑刻 济南市市中区人民政府所立"的刻牌，一半已经被茂盛的爬山虎的枝叶所掩映。76岁的李广文推开吱吱呀呀的院门，李氏碑刻赫然入眼，庄严而凝重。

　　李广文是这处院落的主人，也是李氏家族的第十七世后人，是七贤庄的一名村民。院落中共有三排五座碑刻，最后侧一排是一尊清雍正三年所刻《明故始祖李公讳成祖妣黄太君之墓》石碑；中间两尊碑刻分别是清宣统四年《"根深枝并茂，源远水流长"李氏续谱》碑刻和清道光二十三年《"永言孝思"自始祖至十二世重序》碑刻；最前排两尊则是立于2001年的《李氏续谱碑记》和立于2004年的《李氏碑林迁址记》碑刻。立于清朝年间的几尊碑刻历经数百年，已然有几分斑驳沧桑的痕迹。

　　循着李广文久远的讲述和碑刻上基本清晰可辨的文字，李氏家族的迁徙繁衍脉络逐渐展现开来。在七贤庄繁衍生息了数百年的这一脉李氏家族原籍河北省枣强县，祖先李刚生有四子。明朝洪武年间，因当地红头苍蝇成患，蚕食此方，以至民不聊生。朝廷下令搬迁，只留宗子守本业，其余少壮丁男皆迁出此处，以求得以生存繁衍。于是，李氏祖先留下一个儿子在河北枣强，另外三支迁移至山东。

碑文记载，李氏三子中一支迁往长山县（今淄博市境内）；一支迁至乾鱼头，后改为济南市历下区姚家镇贤文庄；少子李成随父母迁徙于历邑，后改为历城县南七仙庄，近改为济南市市中区七贤镇七贤庄。李广文正是李成这一支的后人。从碑文记载中可知，李成父母去世后葬于庄东山后坟墓，因年代久远，具体位置渐不可考据。李成去世后，葬于庄东南方向一公里处的大白杨树林，此后后代子孙多葬于此。后世遂称李成为"始祖"，称大白杨树林为"老林"。清朝年间，李氏家族的后人为李氏家族祖先立碑，并在碑刻上篆刻碑文记录家族迁徙繁衍经历。

济南市文物考古所权威人士调研证实，像这样的详细记载一个家族变迁史的石碑实属罕见，古石碑为保留历史文化古迹及七贤村的历史提供了极其重要的文物史料价值。2004年，因七贤庄村委欲建七贤综合市场，祖林旧址内有石碑三座，即明清时代的史碑志需要搬迁，七贤村村委会出资并协助把石碑迁往原址东北方向约百米处。新墓地占地面积三分地有余，并且建厦亭一座来保护古碑，厦亭宽为14米，前后长为10米，这就是我们今天看到的李氏碑刻坐落的这座小院。

比起严肃简洁的碑文记载，李广文从前辈那里听来的口口相传的记录更加丰富鲜活。他这一支脉的祖先李成是少子，故而母亲跟着他居住在七贤庄，不过清朝年间所立的几块石碑应该是迁徙到乾鱼头，也就是今历下区贤文庄的这一支的后人所立。他听祖辈说，贤文庄这一支曾经出过一名大将，在郑成功收复台湾的战争中立下战功，故而加官晋爵。后来李广文实地考证过，贤文庄附近过去确实有一条沟叫"将军沟"，可能就是因这名李氏大将居住在此而得名。因家族中出了一名大将，故而有实力给先祖立碑，据说最早石碑立在马武寨山头的东侧，后来才挪到庄东南方向的大白杨树林。这些故事可能确有其事，至今仍在李氏后人中口口相传。

　　至今，李广文还模糊记得，自己幼年时跟随爷爷去李氏墓地给先祖上坟的场景。那是1950年前后，他只是五六岁的懵懂幼童，由爷爷背着他走进浓郁的白杨树林去祭拜祖先。七十多年过去了，李广文的印象中，除了祭拜祖先的袅袅香火，还有那个时代不容易吃上的上坟带的香酥烧饼。据李广文回忆，新中国成立后还有淄博的李氏后人来七贤庄祭拜祖先。如今，六百余年过去了，李氏家族已经续传至十九世，李广文有堂兄弟八九个，七贤庄的李氏家族有六百余人，香火仍然繁盛。

　　碑刻文献被誉为"刻在石头上的历史"。七贤庄的李氏碑刻完整而清晰地记载了六百年来李氏家族的迁徙繁衍过程。榆槐掩映，小院静谧，年逾古稀的李广文无比珍视这几座碑刻。或许它之于浩荡而复杂的历史仅是一份家族史，不过滴水中可见太阳，亦是映照了一个时代和一处地域发展变迁的珍贵文物。

（徐敏/文）

东汉晚期的青龙山墓葬

　　据济南市市中区文化和旅游局的"市中区地上不可移动文物名单"资料显示，在七贤街道办事处双龙庄（村）西南青龙山南麓有一座东汉时期的古墓葬，属于登记保护文物。多年来，因这处墓葬在军事用地范围之内，较少为广大市民所知。不过，这处墓葬的文物价值毋庸置疑，20世纪80年代发现这处墓葬时，济南市文化局文物处进行了详细勘察并对其文物价值进行了分析。

　　1986年11月中旬，济南市青龙山南麓山东建筑材料工业学院家属宿舍东北角，民工在修筑挡土墙时发现一座汉墓，当时的济南市文化局闻讯后即派人前去调查，随后对此墓进行了清理并详细记录了简要情况。据当时文化局文物处刘善沂、孙亮撰写的《山东济南青龙山汉画像石壁画墓》一文信息显示，这座墓室坐北朝南，南北长9.35米，东西最宽处4.70米，残高2.81米。地面封土已经夷为高坡地，因当时工程施工取土，地面已经挖去1.70米厚的表土。墓顶已坍塌，工作人员在墓室填土内挖出大量砖块。

　　这座墓的平面结构分为墓道、前室、中室、后室四部分。墓室是用38块石灰岩石材和各种不同型号的砖混合砌筑成的，底部全部用条砖横行错缝平铺而成。墓室用砖分灰色的条砖和楔形砖两种，均为一面绳纹一面平素。墓道位于墓门之南，长方形斜坡式，宽1.80米，近墓门处距地表深1.90米，由于墓道大部分压在混凝土地面下，当时只清了2米，并未全部清理。据工作人员勘探发现，此墓早年多次被盗，在中室西壁、北壁以及后室北侧发现三处盗洞。

中室长2.40米，宽1.90米，残墙高2.27米。四壁为石墙，东、北墙壁上各有门洞，与其他墓室相通。在中室西侧有一张长1.76米、宽0.74米、厚0.17米的石案，在石案东侧立面刻案足纹饰。在墓壁四周的门楣、横额及门框上刻有画像，在南壁、西壁上还有壁画。工作人员在中室东侧清出两具完整的骨架，南边一具东西向，头朝东，面部朝下，侧卧直肢；北边一具南北向，头朝北，面部朝西，侧身直肢，腿骨压在前者之上，从两人关系判断为夫妻合葬墓。墓主死后不久此墓就被盗，尸体被从后室拖到中室。墓中还清出银环、铁犁、铜箍、釉陶壶、灶、罐、连枝灯、红陶盘、案、耳杯、鼎、磨、磨架、炙炉、骨管、骨镰、棺钉、铜钱等遗物。

后室是整个墓葬的主室，墓内南北长3.70米，东西宽2.14米，高2.33米，除南壁为中室北门为石质外，其他三壁均为砖砌，结构与两个侧室相同。这里还清理出铜钱、红陶猪、屋顶、铁镬斗等遗物。

此墓38块建筑石材中，有画像石25块，分布在墓门和前、中室的四壁以及门楣和门框上。这些画像为平面浅浮雕，比较简洁刚劲，轮廓线条也比较清晰，但都未磨平，画面留下凿痕，稍显粗糙；画像石的内容比较简单，以常见的几何图形为主。

这处墓葬中有壁画6幅，壁画以石墙为地，在石墙表面抹一层厚约0.5厘米左右的泥土，在泥土之上再抹一层厚约0.2—0.3厘米的白灰，最后再刷一层很薄的白灰面。壁画的颜色有红、黑、绿等颜色。从残存的遗迹看，这些壁画因墓室潮湿及埋葬久远等原因，除中室西墙壁画保存较好外，其余大部分有不同程度的脱落，有的画面已经模糊不清。保存较好的中室西墙壁画宽1米，长1.9米。画面上端两隅绘朱彩帷幕。左侧帷幕下有二人面向右，其中一人踞坐，头着冠，身穿黑领长衣，脚穿黑履，拱手；另一人服饰与前者一样，拱手站立。画面中部下方、两侧人物之间绘一个黑色几案，状如中室西侧石质几案。

该墓的随葬品按照材质分为陶器、铁器、铜器、银器、骨器等，主要放置在中室以及后室，共计115件。其中陶器共56件，绝大多数为泥质红陶，类砂红陶次之，泥质灰陶少见，还有部分釉陶。陶器多为素面，一部分器物内涂朱、黑彩，器物有鼎、壶、案、盘、炙炉、耳杯、灶、磨、连枝灯等。墓中还发现铁器32件，其中有犁、熨斗等；铜器23件，有铜箍和货币。另外，还有一件银器，为指环一枚，骨器三件。

据考古工作人员分析推断，此墓为砖石混合结构多墓室，由前中后三室和两个侧室构成。这类多室形制墓在山东的东汉晚期墓葬中多有发现。从随葬器物来看，种类包括生活用具和禽畜两类，这些随葬品在东汉晚期墓葬中已大量出现。而该墓出土的五铢钱货币制作粗糙，字迹不清，正是东汉晚期社会经济萧条的反映。

从画像石刻看，该墓的画像石雕刻技法采用东汉后期普遍使用的剔地浅浮雕，画像内容日趋简单化，除了表达辟邪、祥瑞的羊头外，其余均为装饰性的几何图案。东汉前期表现各种题材的历史故事、神话传说、社会生活等内容不见了，这反映汉画像石已到了它的尾声。

该墓的壁画是济南地区首次发现的东汉壁画，现存的画面内容都是当时社会封建士大夫、官僚地主现实生活的写照。墓门过道两侧的应是门卒，前室西壁的车马可能是"车马出行图"，中室西壁应是"宴乐图"，该壁画笔画流畅细腻，在构图上布局合理，充分反映了当时山东地区的绘画水平。

据以上信息，考古人员判断，该墓的时代应为东汉晚期。该墓葬不论是出土器物还是画像石及壁画等，都是宝贵的文物资料。

（徐敏/文）

传承中华文化的民间博物馆文化苑

在济南市中区七贤街道办事处的辖区内有一处大名鼎鼎的齐鲁七贤文化城。文化城内有精品石刻观赏，还有字画珠宝、陶瓷民俗、古玩杂项等各类文化产品，是很多济南市民交流和淘宝的文化平台。就在七贤文化城内，还有一个济南民间博物馆文化苑，囊括了7家规模大小不一的主题博物馆。

这7家主题博物馆包括齐鲁赏石博物馆、山东省刘氏古钟表博物馆、济南同兴义衡器博物馆、山东鲁砚艺术馆、老济南照片博物馆、济南迈麦戏曲博物馆和济南历时陶器博物馆。济南民间博物馆文化苑是济南文物保护与收藏协会实施的一项惠民名片工程，这里的7家博物馆各具特色，从不同侧面、不同角度展示了中华民族的文明成果，有的甚至填补了我省博物馆收藏类别的空白。

走进这处博物馆文化苑，散发着强大生命活力的民间文化气息扑面而来，不管是来自海洋和山脉的奇石、某位吕剧表演艺术家穿过的戏服，还是展示百年前济南风俗民情的老照片，以及出自名师手中的鲁砚，无一不凝结着来自历史和自然的文化气韵。不少热爱民间文化的个人，长久地搜集和收纳并且筹备展览这些藏品，才有了这处博物馆文化苑。这是民间智慧的汇聚，也是抢救、保护和发扬民间文化的重要阵地。

齐鲁赏石博物馆是这些博物馆中最早建成的，于2010年开馆。在齐鲁赏石博物馆内，陈列展览着各类奇石1000余块，其中产于中国台湾南部海峡的毛发石是极为珍奇的一块。近距离观赏这块毛发石，宛如一块长出了浓密白色"头发"的石头，石头里面有空隙，类似珊瑚石。实际上，"毛发"是一种低等海洋动物，即头盘虫。头盘虫的构造为长约三十到四十厘米的几丁质纤细管状体，基部固着于海底基岩、卵石、贝壳等物体顶面。它们丛生漂立于水中，随水摆荡，以水中微小生物为食。毛发石多产于中国台湾海峡东南部，世界其他国家和地区则极为鲜见，因其形态奇特且罕见，故而毛发石极为珍贵。

2015年，泰山天元石被列为国家级非物质文化遗产，齐鲁赏石博物馆内也收藏了一块泰山天元石。这块奇石长两米有余，高约一米，稍微远距离观赏这块奇石，能明显看出奇石右侧突起之处宛如黄河之水奔流而下，气势雄浑壮观；而左侧轮廓缓和之处，犹如一尊卧倒的佛像，造型之精巧和美观令人称叹。石画既有中国泼墨画的东方神韵，又具有西方油画的炫彩丰润之美。泰山天元石约五亿年前在海洋中沉积而成，呈透镜体状产出，成石条件十分复杂、特殊和偶然，因此数量极少。北京自然博物馆原馆长李承森曾评价泰山天元石，呈现出天然画的天元石在国内尚属首见，世界上也很罕见，具有很高的学术研究、艺术观赏和收藏价值，堪称石中精品。

赏石博物馆的一侧影壁墙上，是著名的文人典故"米芾拜石"图。馆内还有青州红丝石、青州玲珑石、临沂金钱石、菊花石、灵璧石等上百种各类奇石，均是馆长原洪泉多年收藏而来。这处博物馆为挖掘、传承、弘扬齐鲁赏石文化，促进地区经济发展做出了卓越贡献。

山东省刘氏古钟表博物馆于2016年6月开馆，由刘荣全、刘荣芹、刘荣昌、刘荣光、刘荣跃姐弟五人同心协力创建，是山东省文物局确认的非国有博物馆，在第四批全国博物馆定级评估中核定为国家三级博物馆，也是山东省第一家由家族成员出资成立的私人古钟表博物馆。馆中藏品是在祖辈传承的基础上，姐弟五人再拿出各自家庭的藏品组成，成立之时馆内藏品数量约2000件，2021年3月增加到5000余件。受场地限制，该钟表博物馆对外展出其中的2800件。

刘氏家族与钟表的渊源从其父亲刘恩阳开始。刘恩阳年轻时以修理钟表、眼镜、留声机等为生，后来他与几位民间手艺人在济南市市中区望平街成立了互助组，专门对外修理钟表和各种仪器设备。刘恩阳不仅修表的技术名声在外，也醉心于收藏钟表。姐弟五人从小受父亲熏陶，对钟表收藏与制作维修有很高的热情，成立博物馆向市民开放旨在宣传古钟表文化与发展历史，让更多人了解、认识古钟表。

法国产的18世纪铸花皮套钟、英国制表人签名的定制挂钟、19世纪瑞士高档珐琅怀表……馆内的钟表藏品涵盖座钟、挂钟、台表、怀表、手表5大系列，每个系列内，根据不同造型、功能、材质、构造及用途，又分为苏钟、广钟、皮套钟、大理石钟、玻璃台表、珐琅怀表、打簧怀表、大八件怀表、铁路怀表等38个类别。博物馆中最大的钟表是周恩来总理当年送给日本首相田中角荣的座钟款式，是当时烟台钟表厂限量生产的，流入社会并收藏至今的极少。座钟高超过两米，端庄厚重。最小的表是项链吊坠上镶嵌的表，只有豆粒般大小。

"身居陋室小，四壁皆钟表。夜来闻摆声，时光知多少。"山东省刘氏古钟表博物馆不仅填补了山东省内博物馆钟表收藏方面的不足，亦对古钟表的发展史做了一次有序梳理和忠实记录。

老济南照片博物馆是目前济南唯一一家正式挂牌的关于济南地域专题文化的博物馆。老火车站、四门塔、老城墙、民国济南女子……20世纪初老济南的风情从一幅幅老照片中映出，街头景象、市民百态，满载着情怀。博物馆展出的300余帧从清末到20世纪60年代的老照片，全面反映了100多年来济南的历史风貌。

济南老照片博物馆的创建者赵晓林也是一名收藏家，专门搜集民国济南的照片、文献等记录济南历史的物件，光民国时期的济南地图就有200多幅。民国以前的济南地图，省、市博物馆和档案馆也只各有一两张而已。

赵晓林收藏有老照片超过1000张，在博物馆展出的展品中有不少已消失的济南老城墙照片。历史资料显示，"五三惨案"时日本人炸毁了部分城墙，后来韩复榘把已失去功用的城墙改造成了城墙马路，人车都可通行，这么宽的城墙当时在国内是头一个。高高的城墙马路正如当今的高架桥，现代人可借助这些老照片直观地追溯过去。

济南迈麦戏曲博物馆立足山东地方戏曲文物，展出了300余件各类戏曲文物。比如该馆所展示的20世纪20年代的皇后绣凤黄帔，针脚细密，图案精美，十分具有富贵气息，这是戏中皇后所穿的衣服。1926年的紫帔戏服，是古代达官显贵、有钱的绅士以及家眷居家所穿的紫色缎子的便服。在古代，紫色代表着尊贵、富有，是上层社会的人士所专门享用的一种色彩。另一件1923年的红蟒戏服，看起来十分高贵典雅。"蟒"是帝王将相等身份尊贵的人物所穿的礼服，状元、巡按（小生）穿红蟒通常被称作"官衣"，有龙蟒、女蟒、老旦蟒、改良蟒等。

该馆还有1935年的红官衣戏服，多用于诰命夫人所穿。这件戏服尺寸较短，仅过膝部，身后无"摆"。使用时，只能系丝绦，下身系裙。女官衣另有特殊用途：在梨园班社时代用于"金榜谢幕"和"金榜谢赏"。每逢旧历春节演完"吉祥戏"或唱完"堂会戏"之后，由一名老旦和一名不带髯口的老生俱穿上红色女官衣，登台谢幕、谢赏。

在该博物馆收藏的300余件戏服中，有不少已经近百年的珍贵戏服，还有吕剧代表性传承人郎咸芬收藏的戏服。郎咸芬是著名吕剧表演艺术家，主演过《穆桂英》《蔡文姬》《桃花扇》《丰收之后》等古今题材中人物身份、性格年龄不同的角色。1957年，郎咸芬主演的《李二嫂改嫁》戏曲被长春电影制片厂拍成电影，获得极大好评，她也以精彩的演技获得当年的戏曲"百花奖"。观赏这些精致珍贵的戏服之时，仿佛一段段优美的戏曲唱腔穿越历史，如在耳边。

此外，济南同兴义衡器博物馆展示的是上百件古代衡器；济南历时陶器博物馆展示了我国古代各个历史时期的陶器200余件；山东鲁砚艺术馆则收藏了当代名家篆刻的砚台200余件。随着时间的推移，这处博物馆文化苑的藏品还在不断增加和丰富中。

民间博物馆是传承和发扬中华文化的重要场所，这些丰富多样的藏品富有深刻的文化内涵，参观民间博物馆可以让群众知晓中国文化的博大精深。如今，每逢博物馆日或其他节假日，不少行业内人士和单位组织到此参观，这处民间博物馆文化苑的生命力将生生不息。

（徐敏/文）

《齐鲁七贤文化城》　尹仲群 绘

飘香"把子肉"

来到"超意兴"，往米饭里夹上一块肥瘦相宜、醇香味美的厚厚把子肉，米饭再浇上点肉汤，是多少济南人为之迷恋的美食。把子肉，这道济南本土名吃，是济南超意兴餐饮有限公司的主打产品。来超意兴吃一顿实惠又好吃的家常便饭，把子肉必不可少。

济南超意兴餐饮有限公司成立于1993年，由山东老字号"正泰恒"传承发展而来，其公司注册地在市中区七贤街道办事处。2011年，超意兴被认定为放心早餐工程建设企业，逐步走出了一条标准化、连锁化、品牌化发展之路。如今，超意兴是济南人离不开的快餐连锁品牌，去超意兴吃块把子肉，也成了很多济南人的饮食习惯。

把子肉的由来

说起把子肉，这道美食在济南有着不可动摇的"江湖地位"。"食不厌精，脍不厌细"，作为鲁菜发源地的泉城济南，有无数拿得出手、叫得出口的美食。既有九转大肠、锅塌豆腐、奶汤蒲菜等"十大名菜"，也有油旋、甜沫、三鲜锅贴等风味小吃。但唯独"肥而不腻、瘦而不柴、入口余香"的把子肉，是许多济南人从小到大割舍不下的心头最爱。

关于把子肉由来的说法，有不少版本。一种和古代公祭有关，祭祀结束后，主祭人会将"祭余"，也就是祭祀剩下的肉切成长方块分给众人。

陆游曾写道："卜日家祭灶，牲肥酒香清。分胙虽薄少，要是邻里情。"人们在肉块上缚上青蒲草或马蔺草，经过酱烧制作而演变成"把子肉"，逐渐流行于齐鲁大地。

还有一种说法更具传奇色彩。相传，东汉末年天下大乱，连年的灾荒使得人民生活非常困苦。刘备有意拯救百姓，张飞、关羽又愿与刘备共同干一番事业，于是彼此志同道合的三人便决定在桃园里举酒结义。张飞是屠户，在三人桃园结义之后，张飞就把猪肉和豆腐加上各种调料放在一个锅里炖，制出了口口留香的把子肉。后来，隋朝鲁地的一位名厨将这样的做法进行了完善，精选带皮猪肉放入坛子炖，靠秘制酱油调味。他炖好的把子肉肥而不腻、瘦而不柴，深受老百姓的喜爱。这样的做法和刘关张"拜把子"的传奇结合，就成了今天的把子肉。

"大米干饭把子肉，吃饱喝足无忧愁"。把子肉算不上精致大菜，至多算是风味小吃，但却特别像山东人特有的秉性，生性豪爽，实实在在。不论是草根还是贵人，没有不喜爱的，这也是济南人最原汁原味的美食回忆和传承。每当济南人无暇做饭，就直接来上一碗香喷喷的大米饭、一块肥瘦相间的把子肉，既饱腹又解馋。

超意兴的把子肉

有人说，因为济南人对把子肉的喜爱，所以"满城尽是把子肉"。即便是在这种情况下，超意兴的把子肉仍然能独树一帜，并且占据了"把子肉江湖"的半壁江山。超意兴餐饮集团网络运营总经理、超意兴把子肉第五代传承人张靖之说，超意兴的把子肉有着五代人的手艺传承，从1912年"正泰恒"老牌子到今天的"超意兴"，不仅沿用了祖传秘方，还经过五代人的不断开发精进，加入各种天然香料调味，深采泉城泉水，经过12道工艺，8小时焖煮，才能完成美味的把子肉的制作。

超意兴把子肉造型优美，肥瘦相间，色泽红亮、肥而不腻、瘦而不柴、醇厚芳香、入口即化，原因在于格外注重烹饪技艺的强化，对选料、烤毛、刮皮、清洗分割、斩条、称重、捆扎、焯水、脱脂、炒糖配料、煮制、焖制等环节精益求精，一丝不苟。选料有标准，捆扎有步骤，火候有大小，配料有讲究。说到底，超意兴的把子肉最大的特点，还是一个"鲜"字。超意兴的把子肉只选用冷鲜肉，每天都有十几吨的冷鲜肉，从双汇、千喜鹤等知名猪肉加工厂，直接配送到超意兴的第四代中央厨房，食材当天经过加工后配送到门店。整个过程控制在48小时以内，最大限度地保证了把子肉的风味和口感。

在配送过程中，根据原材料、半成品及成品对温度的不同要求，超意兴严格控制冷藏运输车辆的配送过程的温度设定，从而保证品质。此外，还通过ATP检测仪对车辆箱体卫生进行检测，确定车辆卫生经过清洗消毒符合要求。超意兴可以承诺的是，顾客品尝到的每一块把子肉，都新鲜、美味、健康。

走向全国的把子肉

米饭把子肉，不花哨，讲究实惠。这也符合山东人大口喝酒、大块吃肉的形象。超意兴也是如此，讲究做人厚道，做事实在，做企业诚信。

"超意兴"三个字有独特的含义。超，是超前人之夙愿；意，是意家国之情怀；兴，是兴百年之传承。另外，这个名字也意味着企业为广大顾客提供超值的产品服务，让顾客更加满意，生意更加兴旺。

超意兴由老字号"正泰恒"发展而来。1993—2003年这十年，是超意兴艰苦创业的十年，至2002年底，已拥有十几家快餐店。2003—2008年，是超意兴坚守信念的五年，也是精准定位的五年，最终确立了以米饭、把子肉为主，具有传统特色的专卖店经营模式，并拥有了第一代中央厨房。2008—2013年，是超意兴坚定决心的五年，也是超意兴快速发展的五年，第二代中央厨房投入使用。2011年，超意兴被认定为放心早餐工程建设企业。2013—2018年，是肩负使命的五年，也是超意兴从社会责任的角度落实的五年，围绕着成就员工、造福顾客、回报社会开展工作。2015年，超意兴把子肉及相关系列菜品的制作技艺列入济南市非物质文化遗产。如今，超意兴经营网点遍布济南、淄博、德州、泰安、滨州、菏泽、聊城、济宁等地，今天已经拥有520家直营门店，已经发展成为一家大型综合性餐饮连锁企业。

作为一家对社会负责任的餐饮企业，超意兴非常注重为社会做出应有的贡献，积极承担回馈社会的义务。在2020年疫情期间，主动为一线防疫工作人员捐出价值100万元的餐食；在济阳区新市镇合作建立扶贫蔬菜项目、长清区马山镇合作建立"爱心鸡舍"养殖扶贫项目，由超意兴负责包销扶贫蔬菜和放心鸡蛋。

随着泉城济南餐饮业的不断壮大发展，老济南的传统味道也被广泛发扬传承。作为济南"把子肉"的领头羊和家喻户晓的快餐品牌，超意兴的企业使命是，弘扬齐鲁饮食文化，争创国际快餐品牌，为人类健康做出贡献。

今后，超意兴力图在精耕山东的基础上，辐射京津冀，走出山东，走向全国，用超值的产品去服务八方顾客，通过"济南超意兴把子肉及相关系列菜品制作技艺"这一省级非遗项目，让全国的食客了解山东，认识济南。

（徐敏/文）

风雪长津湖

——老兵任祝三的烽火记忆

任祝三老人今年已经89岁高龄。天气晴好的下午，他会坐在小区的广场上，和同样出来享受悠闲的晚年时光的老人一起聊聊天。老人身形瘦小，性情恬淡，说话不疾不徐。如今看起来一切云淡风轻，如果他不说可能谁也不知道，这名年近九旬的老人，当年也是从烽火硝烟中走过来的一名老兵。三年五年，对于年轻人来说可能就是一生一世；而那段遥远的战争岁月对于任祝三老人来说，似乎是前世的记忆那般遥远，真实而又缥缈。

久远到半个多世纪以前的岁月和山河，老人已经有很多记忆模糊不清。只记得，1932年，任祝三出生在安徽的一户农家，风雨飘摇的时代，他与同时代的很多孩子一样，缺衣少食，只能当一个放牛娃，给地主家放牛为生。任祝三母亲早逝，父亲养育着他们兄弟几人。那时候，能够吃顿饱饭是全家人最大的幸福。后来，抱着能够"吃饱饭"的梦想，任祝三义无反顾地参了军。回忆起当兵的初衷，他说，其实当时并没有多么宏大高尚的家国情怀，只为了能够有饭吃。

1947年夏，当时还只有十几岁的任祝三跟随刘邓大军挺进大别山。烽火硝烟，战乱不止，到处都可能遇到敌兵和土匪。因为任祝三当时年纪小，机灵又跑得快，所以他在队伍中担任了运送手榴弹的工作。据他回忆，运输路上随时都听得到炮火轰鸣，甚至能看到有炮弹在距离自己不远的地方爆炸，爆炸的硝烟让人掩面咳嗽连连。不过那时候，年少的任祝三不知道什么是恐惧，只想完成上级交给的任务。他知道，只有这样才能打胜仗，才能迎来所有人都能吃饱穿暖的那一天。那时任祝三并没有配枪，却在枪林弹雨中一路疾行，就在这样的战争生涯中，终于迎来了全国性的战略反攻。

1948年11月，任祝三又投入到淮海战役中。在战斗中，敌机经常从头顶呼啸而过，炮弹火力强；战友之间相互掩护，在那个炮火纷飞的年代成为生死之交。说起这段经历时，老人似乎已经记不起战场上发生的很多事件，却始终强调，自己只是一名参加战斗的战士。

参加过多次战役的任祝三，最难忘的是抗美援朝战役中著名的长津湖之战。1950年8月，任祝三跟随志愿军部队抗美援朝，美军炸毁了丹东大桥，阻挡了前行的道路，后经由吉安走浮桥到达朝鲜。寒冬腊月，大风凛冽，部队提出精兵减负，志愿军冒着风雪，只携带10颗子弹、5枚手榴弹、一袋干粮继续前行。任祝三作为一名普通的步兵战士，持枪参加了这场战役。

在长津湖一战中，中国志愿军部队与美军在朝鲜长津湖地区交战，志愿军挖好掩体对付美军的猛烈炮火，任祝三所在的27军与20军、26军合围敌军。中国人民志愿军第9兵团将美军1个多师分割包围于长津湖地区，最终歼敌1.3万余人，扭转了战场态势。这次战役收复了三八线以北的东部广大地区，是扭转局势的关键一战，而中国人民志愿军也付出了惨痛的牺牲，在零下30多摄氏度的极端天气中，很多先烈是以端着枪的姿势被冻僵。这体现了志愿军战士服从命令、视死如归，冻成冰雕也不退缩的革命精神。

任祝三回忆，当时他们穿着很薄的棉衣，身上背着已经冻得僵硬的炒面。冰天雪地，炮火轰鸣，他们饿了就抓一把硬邦邦的炒面放到嘴里，渴了就抓一把雪含在口中当水喝。"我当时年纪小，火力大，身强力壮还能够抵御凛冽的寒冷，幸运地活了下来。可是一些年纪较大的士兵抵挡不住，他们都被冻死在战场上了。"任祝三说，战争从晚上打到了第二天天亮，其惨烈无法形容。他说，当时战士们都不懂冻伤应该怎么处理，战争结束后有些冻僵的战士，直接将双脚泡到了热水中，这样反而导致了更严重的伤情。他们听当地老百姓说，应该用冷水泡，先让冰雪慢慢融化，双脚慢慢适应越来越高的温度，才能逐渐恢复健康。说起这段历史，老人目光望向了远方，似乎不愿再回忆战友们牺牲在冰天雪地中的那段痛心的往事。抗美援朝已经过去了70多年，我们没有，也不能忘记那场英雄浴血，以肉身"擒熊"的史诗之战。

1952年，任祝三回到了中国。几经辗转之后他来到济南，学习了文化，后来在纺织品公司上班，后半生经历了岁月静好的人生。硝烟早已散尽，不仅是经历过战争年代的老兵，生活在和平年代的人们亦应该铭记历史，珍惜当下的和平与安宁。

（徐敏/文）

第四编

白马山街道

街巷名： 白马山

街名由来： 白马山相关的传说共有两个，一是民间传说，相传白马山是由一匹昂首腾飞的白马化成，欲借龙窝（龙窝庄）之灵气，与青龙（青龙山）相媲美，故名白马山；二是《七贤镇志》记载，在1937年，工人开山起石、凿眼放炮时，开出一块白马化石，俊俏妍丽，故命名为白马山。

济南有座白马山

　　"白马山"这三个带有诱惑力的汉字，让我联想到了长鬃飘飘，联想到了仰天长啸，继而，联想到了一匹独自发光的白马，疾速地隐匿在了辽阔和空寂的雪野上。当我在微凉的阳光下，远远地与这座白马化成的山对视时，我仿佛感觉从白马山上拂过来的山风，将秋天的阳光摇落在了茂密的树梢上。此时，我不知道夜色降临时，山风是否也会将月光撒落在山坡上所有植物的睡梦里？我只知道，此时，沿着蜿蜒的山径，登上峰顶，就会俯瞰到一抹夕阳把半天染红，照亮着远方。

　　据相关资料介绍：白马山海拔89米，坐落在济南市市中区白马山办事处境内，山的东面是王官庄，山的西面是山凹庄，山的北面是袁柳庄，山的南面是龙窝庄，与青龙山比邻。

　　相传白马山是由一匹头南尾北、欲借龙窝（龙窝庄）之灵气、欲与青龙（青龙山）相媲美的、昂首腾飞的白马化成，多年来，勤劳的人们在白马山下，安居乐业，繁衍生息。

　　清末修建津浦铁路时，在白马山被半截的西坡，散乱着十几个透风露气的草棚，摇摇晃晃地坐落在山坡的空闲荒地上。这就是外面前来打石头的人家临时居住休息的房屋。铁路在此设立白马山火车站，并建有专运线和货场。打下加工好的石料用小车运到货场，然后，装火车运往修铁路使用的地方。铁路修好后，此专运线和货场成了运输装卸南北流通的各种货物的设施。来此处采石加工石料的人员逐渐增多。当然，年年有新来的也有走的，也有走了又回来的，也有长期留下来的。这些人来自不同的地方，近的有附近村庄的，远的有外省来的。他们都是来此地以打石头装火车为生。长年累月，此地以打石装火车为生的越来越多，增加到上百户，渐渐地，草棚也变成了石砌的草屋。有的铁路员工和来此地做小买卖的也混居于此，慢慢就形成了一个村庄，名定为白马山村。

日军侵占时期，白马山村的村民生活艰苦，打了石头没人要，都被国民党无偿地弄去修了碉堡，逼得老百姓闯关东，下连云港，或到四外八乡打短工维持生活。

新中国成立后的白马山村属济南市郊白马乡管辖，村民多数仍以打石头装火车为生。个别的住户也是抽空种地，仍以打石为生，由于该村的村民多数都是外地来此讨生活，吃苦耐劳，勤俭善良，因此，此地民风淳朴，村民之间团结义气。

这座京沪线上的三等火车站，
曾是济南市重要的货运火车站

提起白马山，便想起承载开始也承载结局的火车站站台，想起从站台跳上一列驶向远方的绿皮火车的身影，想起擦肩而过的归人和过客，想起一声鸣笛载走的满腹牵挂和依依不舍。

老严默默地点上一支香烟，舒缓地吐了一口淡淡的烟雾，他的眼前仿佛有一列即将驶离站台的绿皮火车。远处，有信号灯在闪烁着。他似乎看见了当年举着信号旗的自己，看见了火车头前白雾似的蒸汽。老严说，那时候，每天看着一列列火车，从白马山车站过往，就觉得咣当咣当的声

响，就应该是生活该有的节奏。

老严就住在车站南侧的白马山铁路新村，对白马山有着深深的印象，当听说我想了解白马山火车站时，他的眼里充满了自信，仿佛我就应该找他这个老铁路。

白马山车站建于1911年，有100多年的历史。20世纪70年代初，老白马山火车站曾往南移了有500多米。1992年7月1日8时5分，运行80多年的济南老火车站钟楼上的老钟，永远地停止了转动。随着济南老火车站老站房的拆除，白马山站改名济南南站，扩充了停车股道，增加了站台数量和新建进出站地下通道，扩大了站前广场。白马山车站与济南东站（现改为大明湖站）就承担了老火车站的客运业务。

在1992到1995年三年多的时间里，济南站乘降旅客功能暂时停止，将部分旅客乘降任务转移到了白马山车站。哦，俺们还是习惯把济南南站叫白马山车站。南北来往的旅客就在这个车站上下车，也就是从那时起，白马山车站出现了繁华的景象，人来人往，熙熙攘攘，一派繁忙，出现了历史上从未有过的辉煌和繁荣。

老严将长长的烟灰轻轻地弹进烟灰缸里，将目光从马路对面的一家商场的广告牌上转移回来，他继续说："白马山车站有了南来北往的客流量，就招来了许多有眼光的商家，他们瞅准了这是个发财的大好时机，于是，没多久，车站周边就出现了不少饭店、旅馆、放映室、小卖部。车辆也多了起来，除了公交车，就是出租车，还有个体的三轮机动车。车水马龙，人头攒动，流光溢彩，热闹非凡。我家一个下岗的老嫂子，就开了一个饺子馆，那几年也真发了财，比上班时都挣得多，她家大小子后来开旅馆，用的就是她卖饺子积攒下的钱。"

可是，没火爆几年，随着济南新站的建成，乘客又重新回归到济南站，白马山车站开始变得寂寥起来。热闹和喧嚣渐渐成为茶余饭后的话题。

现在想想，当年的情境，就像一场热闹的婚宴在客人散去之后平静的状态，的确很让人失落和怀念。

　　望着窗外落满树叶的人行道，我在想：这座京沪线上的三等火车站，曾是济南市重要的货运火车站，也曾是一座古老城市的地标级建筑，它留下过喜悦和焦虑，向往和徘徊，也留下过憧憬和美好，青春和梦想。

　　如今，这里早已没有了客运业务，只是货运及编组。

　　好在白马山车站是"一路一带"中的一个重要货运车站，从济南始发中欧或中亚班列货运列车，都是从这里出发的。

　　也就是说，这里依然是通向世界的一个出口。

还记得白马山啤酒厂吗？
还记得北冰洋啤酒的味道吗？

　　"还记得白马山啤酒厂吗？"

　　"还记得北冰洋啤酒的味道吗？"

　　姜良坤望着早已被拆除掉的白马山啤酒厂的大门方向，问我。

　　怎么会忘呢？记得北冰洋啤酒的标志上，画着的是憨态可掬的北极熊，旁边还有两个憨态可掬的企鹅。我笑笑，说："现在的年轻人很多都没听说过这家啤酒厂，提起北冰洋啤酒，只有40岁以上的人才会熟悉，可以说，北冰洋啤酒是一个值得怀念的时代标志。"

　　姜良坤回忆道："那时，我刚来济南，就住在王官庄。记得，有朋友来家里，我就会骑着自行车，买点花生米、豆腐皮、猪耳朵拌黄瓜，然后，再到白马山啤酒厂买新鲜的扎啤，装扎啤的家什，用的是特别厚的那种塑料袋。有时，来的朋友，也会顺路到白马山啤酒厂，提着一桶新鲜的扎啤来我家。"

　　"是的，我记得市面上有两种北冰洋啤酒，一种是纸箱包装的，一种是用尼龙绳捆扎瓶装的。"我点头说道，"虽然价格不一样，但啤酒的品质却是一样的。"

　　北冰洋扎啤味道甜兮兮的、淡淡的，清爽宜人，尤其是冰镇以后，喝一口，爽极了。

《白马山啤酒厂》 王敬易 绘

"白马山啤酒厂还出过白雪啤酒。"姜良珅接着说道。

"对，是有白雪啤酒。你这么一说，就感觉有雪花飘落在了我的脸上，而且，是一种凉凉的感觉。"

"还有一帆风顺，好像当年白马山啤酒厂生产过8种啤酒，但还是数北冰洋啤酒名气最大。"姜良珅越说越激动，仿佛已沉浸在了翻滚的泡沫里，陶醉在了浓郁的麦芽香味中。他说："当年的白马山啤酒厂，在全国都是很有知名度的，全国各地的啤酒经销商络绎不绝，都是来白马山谈生意的。厂区每天车水马龙、门庭若市，每天车进车出的，带动着周边的旅馆和小饭店的生意，都异常火爆。不夸张地说，当年的白马山啤酒厂是济南人的骄傲，可谓是'满城尽是北冰洋'啊。"

印象中，那时每天早上，去啤酒厂上班的工人，熙熙攘攘，人头攒动，远远地看过去，很是壮观，是一种繁忙的场面。当年，如果能认识一个在白马山啤酒厂上班的朋友，还能得到一些实惠呢，比如夏天，啤酒供应紧张时，就能通过啤酒厂的朋友喝上新鲜的北冰洋啤酒，愣场面，可恣了！

是啊，当年在白马山啤酒厂上班的也很让人羡慕，国营企业，而且，收入也高，在社会上的地位也比一般企业的工人都高。

据相关媒体报道：济南人喜欢喝扎啤，历史悠久，扎啤进入济南人的生活，已有四十多年。20世纪80年代的济南街头，街边有很多卖散装啤酒的，那时候，人们还是用白瓷碗，一毛多、二毛多一碗，大多数老百姓都爱往扎啤摊上钻，尤其是夏天，是消热解渴的佳品饮料。那时的啤酒泡沫丰富，麦芽香味浓郁。那味道，是现在的扎啤都无法比拟的。

那时的扎啤，都是通过啤酒厂的车辆，运送到各摊点的，接上一根粗管子，灌到一个很大的机器里。那时，送啤酒的司机是很受欢迎的，一般店老板会好吃好喝招待着。后来，扎啤用桶来包装了，有铝桶、塑料桶，再后来换成了不锈钢桶，变化非常大。20世纪90年代初到21世纪初的头几年，是济南扎啤的黄金年代。

1993年4月1日的《中国青年报》，刊登了一条"新闻"——《济南将铺设啤酒管道》。

4月1日，是愚人节。铺设啤酒管道的事，就是个玩笑。但它从侧面证明，济南当年的啤酒、烧烤，已经是名闻全国。

姜良珅感慨道："白马山曾给我们这一代人留下许多温暖的时光，白马山车站曾承载过我们这代人的青春和欢乐，北冰洋啤酒依然在我们的记忆里泛着香味浓郁的酒花。"

白马山，应该牢记那些属于济南的骄傲和辉煌

白马山片区曾是济南的骄傲所在，是名副其实的济南老工业区。

20世纪六七十年代，济南规划和建设了4个重点工业区，其中就包括白马山，到八九十年代，济南重新规划工业布局，白马山依然是重点。

在计划经济和改革开放初期，尤其是20世纪90年代初，这个片区曾经名噪一时，格外引人注目，曾是整个济南的骄傲所在。当时，在白马山附近，聚集了大量机械制造、电子、建材、食品、仪器仪表等企业，还有很多科研机构。很多大型国有企业生产的产品，在国内外都享有盛誉。像有机床一厂、机床二厂、试验机厂、白马山啤酒厂、酿造厂、铸管厂、地毯厂、铝制品厂、压力容器厂、液压件厂、开关厂、面粉厂、火柴厂、电磁线厂、汽车配件厂、轻骑发动机厂液压件厂、东风锅炉厂、东风制药厂、山东电力设备有限公司等二十余家知名企业，那时，这里就代表着"济南制造"，这里曾经的光荣与辉煌，凝聚着一代人激情燃烧的岁月和风华正茂的青春，也承载着几代人的情感记忆和记忆中的美好时光。

以前，公路交通没现在这么发达，很多货物长距离运输，需要靠近铁路。过去白马山附近之所以工厂林立，主要是靠近老津浦铁路，也就是现在的京沪高铁，而且，有白马山火车站，也就是济南南站。既有客运，也有货运。可以说，当年的白马山火车站对白马山片区的经济发展起了很大的促进作用。

当笔者再次走在白马山一带，看到很多红砖房，仿佛看到了当年的辉

煌景象。

如今，还有谁会记得白马山过去的光辉一页？还有谁会记得无数人曾经的灿烂荣光？还有谁会记得市中的工业文明和精神？时光的流逝，真的能抹去昔日骄傲的篇章？

济南机床一厂曾经是新中国机床行业的排头兵，"机床十八罗汉"之一，曾创造了机床行业多项骄傲与辉煌，是"六五"至"八五"全国工艺样板厂，并率先通过机械行业"ISO9001"国际质量认证，生产的机床畅销国内并远销日本和欧美。

济南第一机床厂的前身是1944年日军在济南进德会游艺园设立的兵工厂。1948年，济南解放后，人民解放军接管工厂，改名为"华东财经办事处山东工矿部济南工业局第四厂"。1949年，该厂试制成功我国第一台5英尺马达车床。1953年，定名"济南第一机床厂"。"一五"期间，济南第一机床厂主要是仿制苏联普通机床，主打产品是C616普通机床和C616A精密普通机床。1957年，济南第一机床厂被第一机械工业部誉为全国机床行业"十八罗汉厂"之一，成为我国基础工业的四梁八柱。毛主席曾经在中南海参观过C616车床，刘少奇、朱德都曾经到工厂参观视察。

1979年，济南第一机床厂与日本山崎铁工所合作生产"马扎克"（MAZAK）、"麦德"（MATE）高速精密车床，成为我国机床行业第一个与外商合作生产的企业。

1984年，济南第一机床厂成为全国机床行业"工艺样板厂"，全国机床行业的兄弟企业都纷纷来参观学习。

同年，红得发紫的济南第一机床厂牵头成立联营公司，由3省8地市20家企业组成，成为山东省机床行业第一家跨地区、行业、隶属关系的经济联合体。

数控车床系列及全系列机床产品于2004年荣获了"中国名牌"和"产品质量国家免检"称号。2007年经国家有关部门复检，产品再次获此殊荣。

进入21世纪以来，济南一机床集团有限公司每年增幅均在25%以上，目前已实际形成了年产各类数控机床总量4000台以上的规模，为行业中产量最大者之一。其中重要标志之一是企业已连续多年获得国家年度 "数控产值十佳企业" 的荣誉称号。

除机床一厂和白马山啤酒厂外，还有大名鼎鼎的济南第二机床厂。

我曾跟随省作协作家采风团到济南第二机床厂创作采风。当我走进机器轰鸣的车间里，闻到熟悉的机油味道，在工厂做过车床工的我，就觉得精神很振奋。通过采访，仿佛感觉到了这家企业从小到大、从弱到强，从替代进口，到打入欧美市场，一步步发展壮大的80多年艰辛又辉煌的历程。

据史料记载，1937年10月，国民党第五战区驻扎在济南西南之隅的青龙山北麓，并建立了军械修理所和五六座仓库，这就是济南二机床的前身。两个月后，日军全面攻占济南，军械修理所落入日军之手。随后日军又陆续扩建了二十多座厂房、仓库，建起围墙和炮楼，把这里扩建成济南最大的兵器修造厂和军械仓库。

1945年日本投降后，国民党军政部第十八军接管，定名为 "联勤司令部工署第四十四厂第二、第六修械所"，主要任务是修理军械和生产60炮、炮弹引信和雷管等。

1948年9月，济南解放后，解放军华东军管会接管了修械所，分别定名为 "济南工业局第二厂" 和 "济南工业局第六厂"，隶属华东财经办事处山东工矿部。工厂迅速恢复了生产，开足马力投入到支援淮海战役、渡江战役等前线作战的生产中。到1949年6月，已经生产60炮150多门，炮弹1.5万发，炮弹引信8000多支，并修理了大批大炮、枪支等军械。渡江战役中，还制造了11.7万根70米长的防滑链，为解放战争的胜利做出了积极贡献。

1949年8月，二厂、六厂合并，定名为 "济南工业局第二厂"。当时，济南全市只有6家企业职工人数达到千人规模，二厂就是其一。

新中国成立后，二厂从军工生产转向和平生产。当时社会上需要什么就生产什么。从铁路上的道钉、浇田的水车、矿山用的水泵、建筑用的洋灰搅拌机，到小柴油机、空气锤、皮带车床等都生产过，最多的时候产品达到42种。

1950年9月，二厂职工刘庆祥等三人研制出了中国第一台对板精磨机，他因此当选全国劳动模范，成为济南历史上第一个全国劳模。

1951年11月，企业更名为"第一机械工业部第二机器管理局济南第二机器厂"。1953年7月，又更名为"第一机械工业部济南第二机床厂"，并被确立为全国十八家机床骨干企业之一。从此以后，"济南第二机床厂"的厂名一直沿用下来，直到1996年，企业改制为"济南二机床集团有限公司"。

1980年，济南第二机床厂与美国威尔森全钢机械压力机公司签订了引进八大系列机械压力机技术的合同。经过两年试制，2000吨压力机已顺利通过了中美两家企业的共同考核验收，并通过了国内鉴定。订购这台设备的第一汽车厂也比较满意。

1984年，济南第二机床厂试制成功我国首台吨位最大的2000吨闭式单点单动机械压力机。

期待着华丽转身的那一刻，蝶变出旧貌换新颜的赞叹

近年来，市中区坚持深拓空间、扩容提质，不断提升发展承载力。随着南部科创新城的兴起，构筑全市"西兴"战略和济泰一体化发展桥头堡，白马山片区也将继续改善民生的新福祉。

在白马山啤酒厂原址上，开发改造的世茂原山首府，是白马山为数不多的品质楼盘。因为它的设计风格植根于白马山这片往日里工业区的土地上，勾起了老济南的回忆和老工人对工厂的感情，不仅提升了人居体验，更是引领济南老城区进入开发的精致时代。

在极具代表性的机床一厂旧址之上，在保留机床一厂原貌的基础上，将建有图书馆、档案馆、文化馆，还有两栋写字楼、商业街区。这块充满历史记忆的土地，将会成为济南人文、商业高地。一个与泉城路宽厚里一脉相承，又有所创新的商业街区——时光里，必定会令人流连忘返、应接不暇。

昔日乱石纵横的白马山，历经多年的改造，建成了七千多平方米的白

马山山体公园。山的东侧新修建了白马山东路，将刘长山路与二环南路连通，山东麓的凹洼处新建了学校、广场、廊亭和登山小路，在尊重山体原有地貌的基础上，增加了植物种类，丰富了植物群落，营造出步移景异的登山景观。

白马山曾是白马山啤酒厂的"厂中山"，如今变成了"楼中山"。2012年老厂区拆除时，有两处原址保留的特色建筑，一处位于南侧的中式大门，一处位于半山腰处的红砖水塔，几十年历史的工业遗迹如今成了特色景点。

这是个风轻云淡的秋日午后，站在白马山上看着山下白马山片区的巨大变化，呼吸着城市上空新鲜的空气，我在想，白马山片区也在前行的道路上携我们一起同行。

问渠那得清如许，为有源头活水来。随着时代的变迁而日新月异的白马山片区，正在恢复昔日辉煌的活力，焕发出新的生机。

有人说：一座城的发展，关乎一城人的幸福感。城市建设事关民生福祉，城市竞争力不只看人均收入，还要看居民幸福感。

我们期待着白马山片区迎来重生的奇迹，期待着昔日创造奇迹的白马山再一次惊艳亮相，在它华丽转身的那一刻，蝶变出旧貌换新颜的赞叹，复兴市中区的骄傲，并期盼它光荣与梦想的未来，像一匹独自发光的白色骏马，长鬃飘飘在泉水欢唱的大地上。

相信，一切都不再遥远。

（陈忠/文）

《白马山公园一隅》　骆雷 绘

白马山下谷庄居

　　谷庄居原名"谷家庄"，地处济南市西南郊城乡接合部，现隶属于市中区白马山街道办事处，与红庙村、袁柳村、白马山等村相邻；东有济微公路，村西紧靠京沪铁路，南依兴济河防洪道。

　　谷家庄村名，一说，明朝万历年间（1573—1620年），刘家的姑太太在娘家落户，而得名"姑家庄"；1948年（济南解放后），因"姑"与"谷"音同，改称谷家庄，沿用至今。

　　据传最先落户谷家庄的为吴姓家族，随之刘姓家族来此安家；后来，刘家人数越来越多，成为谷庄第一大姓。

　　1950年，历城县尚属泰安专区，谷家庄隶属于其第十区邵而区井家乡；1951年后，谷家庄、白马山、袁柳、槐荫街属归郊三区白马山乡；1958年后，谷家庄改属历城县西郊公社，同期红庙村成立生产大队，称"东方红大队"（又称"东方红公社"），谷家庄成为东方红大队谷家庄生产队；1968年后，延至1980年3月，东方红人民公社改为西郊人民公社，下设东方红管理区，辖谷家庄等十多个村居街道。之后，谷家庄隶属于红庙管区、段店镇、红庙乡、七贤镇（红庙办事处）。

　　1989年10月，谷家庄村民由农村户口转为城镇居民户口；2001年，谷家庄村被撤销，设立谷庄居，归属白马山街道办事处。

　　解放初期，谷家庄全村100户，400多口人；共计土地400余亩。1957年以后，部分土地被陆续征用。至1989年，全村301户，820口人；耕地面积不足百亩。进入21世纪，伴随济南市"城中村"改造建设日新月异，谷家庄面貌巨变，谷家庄人的生活过得越来越好。

有史以来，谷家庄人在其繁衍生息、艰苦奋斗的每个历史时期，尤其是在新中国成立后的社会主义革命和建设的各个阶段都为国家的发展、为社会的进步做出了应有的贡献，彰显着自身勤劳、善良、淳朴、睿智的本性。

时至今日，每个谷家庄人都从属并造就着属于谷家庄人自身的发展历史，它所记录下的谷家庄几代人厚德载物的生动体现当历久弥新，必将激励、启示当下及后来者，为创造谷家庄社区更加美好的生活愿景去努力去奋斗！

谷庄居村史故事——铁姑娘王延菊

1958年的秋天，济南市汇集了上万人开始兴修卧虎山水库。各个公社、各个村之间的工程你追我赶。一个水坝的闸门正在进行水泥浇筑。为保证工程质量，指挥部要求三天内必须完成。在这个现场，一位不足16岁的姑娘，与大家一道三天三夜推着小车昼夜运送工料。就在等待上坡的那一会儿，姑娘驾着小车站着都能睡着。三天后，一身疲惫的姑娘笑脸面对矗立在自己面前宏伟的大坝。此事过去许多年了，她记忆犹新，说这是她人生第一个骄傲。她就是被大家称为"铁姑娘"的王延菊。

1963年，济南机床二厂建筑比武场上，随着裁判员比赛哨声吹起，4个小组展开了砌墙比赛，每组2人，师傅上砖砌墙，壮工（小工）不断将泥浆、红砖供给师傅。墙不断地升高，架子上的用料也不断地增加。也不知道干了多长时间，壮工王延菊只听得一声"咔嚓"，便本能地跳到相隔3米远的另一个架子上。定神回望，原来的架子已坍塌于地。亲临现场观摩比武的二厂领导赶忙过来探望，还好，人没事，重新搭好架子继续比武。最终青年师傅吴玉春在助手王延菊的协助下一举夺得第一名，王延菊也被评为"一级壮工"。

1967年，在机床二厂俱乐部施工中，王延菊每天都是在3米高的脚手架上上上下下下不知多少次。封顶时，脚手架已经搭到了10米高，王延菊还穿着大衣往上爬。此刻，领导这才发现了她怀孕的"秘密"，便赶紧安排她去开卷扬机。不到10天，孩子出生了。当亲友们责怪她时，她也只是淡淡一笑说："孩子挺好的!"

谷庄居村史故事——"食堂"之名

1958年"大跃进"，国家为尽快实现钢铁产量赶美超英，掀起大炼钢铁的高潮。为配合大炼钢铁，多地都办起公共大食堂，谷庄也不例外。

谷庄"大食堂"开办期间，发生了一件不同寻常的事。一天，从白马山火车站来了一个不到10岁的男孩，他饥肠辘辘找到谷庄食堂。食堂管理员赵玉香见其可怜，立刻就给他端来饭菜。听男孩哭诉，自己是从无锡乘火车去投靠远亲的，迷失方向流落至此，并一再恳请赵玉香收留下自己。见孩子可怜，夫妻二人也中意，刘村智、赵玉香便将其收留，取名"食堂"。每当"食堂"放学回来，常帮着在大食堂摘菜、扫地什么的。孩子天资聪颖，学习努力，小学毕业考入济南第九中学，取大名刘茂喜。

"食堂"刘茂喜毕业后，刘村智为其娶妻建立家室。新婚那天，谷庄父老喜气洋洋，专门找车派人到山凹村迎娶新娘。婚后，"食堂"夫妇生了一双儿女，女孩后来做了护士，男孩成为飞行员。现已步入老年的刘茂喜经常对谷庄乡亲提及当年爸妈收留的往事，感恩之情溢于言表。

谷庄居村史故事——私塾的谷庄娃刘茂才

谷庄刘树桐的儿子刘茂才，自幼天资聪颖，好学上进。由于谷庄附近当时没有学堂，刘父便与同村其他几家商议，共同来出资请位私塾先生。私塾就设在本村大户刘凤元的后院，院中的3间西屋便成了孩子们上课的地方。

先生王文吉，中等身材，不胖不瘦，年过花甲，留着山羊胡。上课颇为讲究，一身长袍，外罩一马甲，浓重的泰安口音，伴随着跌宕起伏的音调，或《三字经》，或《百家姓》，对着条凳上的七八个学童，谆谆教导，诲人不倦……

一天五六个小时，学生们除了背诵课文，就是练字写大仿。字上，先生手把手地教；课文中不懂的地方不允许问，只管背。先生有理论：背熟了自有懂的时候。谁若背不过，就把手伸过来吃戒尺。先生不必担心挨打的孩子会告诉家长，因为送孩子上学堂的家长大都通情达理且望子成龙，认为先生严管孩子是对孩子好。

学生上厕所，要带上块写有"出恭入敬"的牌子。上厕所时将牌子放在厕所门口。旧时俗称如厕为出恭。从元代起，科举考场中设有"出恭""入敬"牌，以防士子擅离座位。士子如厕须先领此牌，凭牌进出厕所和考场。

"三好学童"刘茂才，自然不会因为学习挨板子，但玩心不退，所以偶尔也会挨板子。刘茂才学习非常刻苦，成绩十分出色。之后，白马山小学设立，刘茂才直接从三年级就读。1951年，好学的刘茂才私下里报名并考取了山东省实验中学。1954年，他又以优异的成绩考取了当时国内十六所重点高校之一的南京工学院。

严格的家教和程式化的私塾教育，对刘茂才的成长起了重要的作用，对此刘茂才老人感触颇深："板子响，学问长。"对学习中的孩子，不能太骄纵，否则不会成器。

谷庄居村史故事——贺芳善同志自主创业

贺芳善，1958年生人，是一名有着38年党龄的老党员，1979年部队转业来到谷庄村，一直在村内担任村电工，村民们都熟悉地称他"老贺"。2011年，谷庄村的电力资产和供电服务工作全部由供电公司进行了接收，贺芳善结束了自己三十多年的电工生涯，开启了艰难的自主创业之路。

2013年，贺芳善抱着试试看的态度，在家人的鼓励和参与下，把当年在部队炊事班学到的炸油条技术重新梳理和创新，在自家楼下开了家"贺家油条"摊。开业之初，"贺家油条"就以放心油、品牌面的食材为卖点，宁可少赚钱，也要良心牌，定时定量更换炸油。加上对发面、油温技术的控制和创新，炸出的油条个大酥脆，品相、口味俱佳。开业短短半个月时间，"贺家油条"就成了排队最长的早点摊。近至街坊四邻，远至南辛、红庙的老百姓都来尝尝这放心油条。"老贺"的自主创业之路也实现了开门红。但他不时告诫自己和家人"生意如做人，货品看人品"，始终坚持"卖良心货，挣放心钱"。为满足售卖需求，"老贺"不断创新品种，鸡蛋包、炸糕都成为抢手货，豆腐脑、甜沫、豆浆每天都售卖一空，自制免费的小咸菜更是备受欢迎。"贺家油条"也从"老贺"老两口操心，发展到了儿子、儿媳、女儿、女婿齐上阵。经过近三年的用心努力，"贺家油条"从牛刀小试到大展身手，从小心尝试到驾轻就熟，"老贺"的自主创业之路从羊肠小道变成了平坦宽途。创业之路充满了困惑和艰辛，当起初"赔本赚吆喝"的时候，"老贺"也曾困惑过，担心又一次创业失败。当凌晨三点起床，全家齐上阵，将不满一岁的外孙女送到幼儿园托人照看的时候，"老贺"也感受到了创业的艰辛。但这些都没有难倒这位倔强的老党员，他经常对邻居们说："咱是党员，咱有手有脚，有儿有女，咱自己创业养活自己，不能给党和政府添负担。"

大家伙喜欢到"贺家油条"吃早点，不仅仅是因为油条品相好，更是因为"老贺"人品好。街坊四邻谁家需要用人帮助，他总是有求必应。时常看到他提着油条送到隔壁残疾老人家去，这是他每天的必修功课，每天的第一锅油条总是送到隔壁残疾老人家中，算是帮助也算是孝敬。

创业是艰难的，创业也是幸福的，只要抱着一颗创业必成的决心，创业之路必将成为成功大道。

（李宏/文）

《白马山世贸原山首府》　骆雷 绘

街巷名：东红庙村

街名由来：清乾隆《历城县志·里社》载为"东红庙"。传明朝洪武年间有徐姓氏人从河北枣强迁此定居。因此地有座红砖庙，取名"红庙"。此庙以东的聚落取名"东红庙"，沿用至今。

走出东红庙村的翰林院学士张英麟

在一个绵绵秋雨过后的黄昏时分，笔者和朋友走进了位于二环西路的东红庙村。幽寂的村庄，显得很洁净，很安详，风吹过，路边的梧桐树树叶微动着，偶尔会有一两只麻雀飞过。我们信步走着。我们知道那座明朝的红砖庙，早已不复存在，而且，知道东红庙村有一位姓张名英麟的进士曾任翰林院学士的人也不会太多。我们呼吸着雨后清新而甜润的空气，享受着繁华都市之外难得的宁静和安逸。宁静是古朴的，安逸是质朴的，东红庙村的清幽是散淡而从容的。

张英麟何许人也？其实，在来东红庙村之前，我这个土生土长的济南人也知之甚少，只知张英麟是地地道道的济南七贤镇人，晚清进士，他的名字虽然不如辛弃疾、李清照、李攀龙那么响亮，但其在地方志书编纂方面贡献很大，值得后人尊崇和礼敬。

似乎所有隐于建筑之间的街巷都是寂静的。我们拐进一条僻静的小路，来到了一堵石砌的院墙前。

如果不是来之前，东红庙社区的赵素素老师提供了一些图片，我们是很难找到这堵已有二百年历史的石砌院墙的。

雨水将墙体上每一块石头浸润得很干净，就像被经年的河水冲刷过似的，光光滑滑，没有一丝的尘灰。有一种根茎短而横生的植物，漫无目的地生长在石缝中，它有着狭披针形的鳞片，顶部边缘有小齿。朋友说，它的学名叫肿足蕨，俗称活血草。南部山区比较多见，市区的泉池周围也有生长。

是野草填补了石块与石块的缝隙，由此，也就有了繁荣，有了寂灭，还有风云际会之后的空寂。

谁会知道这曾是清朝翰林院学士张英麟故宅残留的一堵石砌的院墙呢？

正在我们抚摸着石墙、谈论着肿足蕨的中草药药性时，东红庙社区的赵素素老师和一位老人朝我们这边走过来。赵素素老师给我们介绍，眼前的这位老人叫张增全，是张英麟的后人。

我们告诉张增全老人在寻找张英麟的故宅。

他说："老宅院早没了。"停顿了一下，接着说："张家大院以前占地足足有四亩，房屋数百间，藏书数万册，现在已被分成六七个小院子了。"

四亩？大概是一个足球场的三分之二大小吧？我猜想。这么大的宅院，无论什么年代，都代表了一种身份。

提到张英麟，张增全老人满眼的自豪神色，细数起张英麟的家史，仿佛此刻已置身其中。

张英麟1837年出生于济南西乡东红庙庄。21岁那年，中山东乡试举人，28岁中进士，金榜题名第二甲第23名，可以说是少年得志。37岁那年，身为翰林院编修的张英麟与翰林院检讨王庆祺一起，充任同治皇帝的老师。

同治帝死后，慈禧太后以王庆祺"忘亲嗜利""素行有亏"等罪名，革职永不叙用。张英麟因受掌握实权的两宫皇太后慈安和慈禧的信赖，所以逃过一劫。张英麟没有被帝师的名号冲昏头脑，随后，借奉养老母为由，急流勇退，告假回到济南。

光绪帝即位后，张英麟主持过福建、云南两省的乡试，出任过奉天府丞兼学政。后提升为内阁学士、顺天学政、吏部侍郎。

1900年，八国联军占据了北京城，在被破城之前，慈禧太后带着光绪皇帝以及随从人员，换上老百姓的衣服出宫而仓促西逃，百官也纷纷外逃，张英麟却留在京城，守护着学政关防以待交替。

他留在了京城就是一种象征。而这种象征，袒露出的正是张英麟对朝廷力竭而死的无限忠诚。

值得一提的是，八国联军攻入北京后，我国第一代甲骨学家王懿荣率团练奋勇抵抗，寡不敌众，王懿荣偕夫人与儿媳投井殉国。是张英麟率人将其三人遗体捞出装棺入殓的。

朋友插言道："你讲的这件事情，我还是头一次听说。"老者端详了朋友一眼，说："光绪二十九年，张英麟以侍郎迁任副都统，没多久，就提升为都统。光绪三十一年五月，担任了清朝最后一次科举考试殿试的主考官。"

1912年1月，辛亥革命爆发后，清朝宣统帝宣布退位，张英麟辞官回到了济南府，在济南省府前街南端路东，也就是原来的济南第四十中学校址，现在的红尚坊处购买了一处住宅。

我指指石墙左边的一个采用平整垂直的大石块砌筑的大门垛子，问张增全老人："它怎么这么矮？"

他答："以前有两米多高，因为多次修路，路面抬高了很多。"

如果说，原来的门垛有两米多高，按照老祖宗流传下来的建房建筑风格和结构规矩，门垛一般都比屋檐低，由此可以想象，当年张家大院的房屋是很高大巍峨的，应该比东红庙村所有的房子都要高出很多，我心想：整座大院一定是高不可攀的。

朋友和张增全老人在聊着。我抬头看见一丛肿足蕨的上面，探出了一棵细小的泡桐树，是从石墙的缝隙里钻出来的，又像是破墙而出。虽已是深秋，却依然蓬勃地生长着。在如此贫瘠的地方，它是怎么生长的呢？或许，在它还是一粒种子时，就被大风刮到了石墙的缝隙里，没有选择的余地，就在上面生根发芽，吸收着高处的阳光，慢慢成长成了现在的样子。

由此想到了作家白永生说过的一段话：人生中有些梦想是需要遇到可栽培之人、扎根之地才可变为现实，另外一些梦想则是需要有敢于破墙的勇气才可能实现，虽然结果也可能如同这逝去的树干一般，难免磨灭，但为了见到阳光，想必它努力过，成功过，也必定感动了很多人，给予了许多人勇气。

这何尝不是一种人生经历和态度。

记得每年的清明前后，泡桐花就会在光秃秃的树枝上绽放。泡桐花有毛茸茸的质感，也有淡淡的香甜味，小时候，常常和伙伴们一起爬上树，摘一些泡桐花下来，放到嘴角吸食一下。

自然就想起了良宵的那首七绝《泡桐花》：

淡紫烟霞漫际涯，喇叭列队阵容佳。

心牵春夏迎和送，大爱无声已表达。

从张增全老人断断续续的讲述中得知：光绪十六年（1890）山东巡抚张曜奏请设通志局，对《山东通志》进行纂修，但不久，张曜死于任上，所聘总纂孙葆田去职，志局几乎形同虚设。20年后，杨士骧任山东巡抚，任孙葆田为主纂，重新整顿志局，经过六年艰苦努力，在孙葆田去世前，书稿完成大半。之后，在籍候选道历城人毛承霖提调局事，又经半年时间将书稿完成。清帝退位后，通志陷入无人过问的境地。

张英麟回济南后，将中断多年的《山东通志》继续进行编纂，聘于宗潼任主笔，对原书进行校补、定稿，77岁高龄的他亲任通志总校，并集资开局，1915年交付山东通志刊印局排印。1919年夏，200卷，约620万字，128册的《山东通志》最终完成。此通志，卷帙浩繁，体例完备，对研究山东地方史有重要参考价值，为山东省做了一件功德无量的事情。

随后，82岁的张英麟又与毛承霖等人主持修撰出版工作，并为该书作序。1924年秋，《续修历城县志》纂成，因时局动荡，直至1926年夏才印刷成册。《续修历城县志》共54卷，它上接乾隆《历城县志》，记述清乾隆三十六年（1771）至宣统三年（1911）间济南政治、社会经济、历史、地理诸方面之事，是研究济南历史不可或缺的参考资料。

可惜的是，张英麟至死没有看到《续修历城县志》的付梓，于1925年11月29日去世，享年88岁，1927年葬于济南西乡东红庙庄祖茔。

站在石砌的院墙前，看着石块上残留的时光花纹，石缝间长出的泡桐树和叶片依然油绿的肿足蕨，看着秋风从邻家屋脊上的野草上掠过。听着远方一棵槐树上传过来的鸟啼，就感觉眼前的一切都疾速地隐退而去了，只留下无比完整的天空。过了许久，我似乎闻到了老旧与萧瑟的味道。我猜想，当年张英麟辞官回到济南，站在这片故土上，是否对这片秋雨湿润过的天空也许久地注目过呢？

不知怎的，面对这堵石砌的院墙，我的眼前恍惚出现了木质的窗棂，窗棂外盛开的桃花，桃花中飘落的月光，月光上绽放的花烛，花烛映红的剪纸……

抚摸着这堵寄托着那个旧时代灵魂的石墙，感觉着石块的纹络犹如岁月蔓延开来的根须，有岁月的粗粝，有精神的凸显，有情感的体温，有时间的重量。

仿佛是时间把这堵石墙顽固地留守在了这里。

仿佛是为了供人对那段历史的瞻仰和凭吊。

我不知道张英麟是怎样度过每一个寂寞的黄昏的，心绪是否在纷乱的交织里不知所措，或者在茂盛的野草间不停摇曳，当暮色从远处白马山的山头慢慢地合拢过来，村庄恢复了倦鸟归林后的宁静，张英麟是否听到晚风吹动着秋叶飒飒作响的声音？我知道，当油灯被点亮，暖暖的色调使老宅沉浸在一种安详而温馨之中时，张英麟已不再是人间的惆怅客了。

在返回的路上，朋友问我："你知道佛慧山峭壁上的大佛头拱楣上刻的'大雄宝殿'四个字，是谁书写的吗？"我正纳闷，朋友怎么把话题扯到"大佛头"上去了？朋友像是在自问自答："是张英麟。"

接着，朋友又告诉我说："我曾见过一幅大明湖历下亭的老照片，上面有张英麟为历下亭撰写的楹联，上联是：船在画中行喜柳垂金线荷吸碧筒忆当年海右亭阁千古竞传名士句；下联写：地从尘外赏叹云冷华泉楼荒白雪看无数济南山好七襄谁赋大东诗。撰写这副楹联时，张英麟已八十五岁了。可惜长联如今已失传，再也见不到真迹了。"

就如同，逝去的历史永远不可能还原成它原来的模样，只能在文字的转述中，呈现出光阴的尘埃迷惑下的一些重叠的影子。

我知道，很多逝去的历史，只能是模糊的表述，永远不可能有清晰的呈现。

朋友看了一眼从我们身边飞车而过的一个小男孩，说："张英麟对济南的感情是真诚的，他在编纂的《山东通志》序言中曾写道，'吾乡一百八十余年掌故赖以不坠，耄年观此欣幸何如'。在《续修历城县志》序言中，他对济南更是赞叹不已，'地势沃衍，山川逦迤，土物可爱，人才间生''夫佛慧峰青，及龙洞而天开异境，明湖水碧，对鹊华而山抱名城'。从中我们可以真切地感受到他对故乡的无比热爱。"

一列银色的高铁，由北往南，疾速地掠过村东头的铁路线。

不知何时，绵绵的秋雨又轻扬起来。雨滴落在脸上，湿在发梢上。我们就这么走着，走在寂静的村庄小路上，我们眼里看到的是依旧生长旺盛的野花，有着斑驳痕迹的门闩，农家小院墙头上开着黄花的丝瓜，雨水落上去，映射出久远的光影，泛着时光的尘色，蕴藏着历史的韵味。岁月流逝，印痕犹在，在雨声中承载着记忆的幻梦，滴滴答答诉说着往事的不舍。仿佛在讲述，一段从未间断过的历史故事。

那堵已有二百年历史的石砌院墙，留在了我们身后。我们的前方，是渐渐逼近我们眼帘的霓虹闪烁的商业大街。

（陈忠/文）

街巷名：前魏华庄

街名由来：前魏华庄位于济南市市中区西部，隶属于白马山街道办事处。三面环山，西北米山坡，西面克郎山，南依簸箕山，北临后魏华庄，东南与杨家庄、井家沟接壤，村东紧靠二环西路，位置优越、交通便利。据传，唐初（618），有名叫魏华正的官员（管72个半庄）死后，葬于腊山脚下，为纪念魏华正，以此坟为界，坟前（南）取名为前魏华庄，坟后（北）取名后魏华庄。

一幅画卷里的前魏华庄

眼前的这幅彩色画卷，高0.56米、长12米，画卷上展示的是20世纪五六十年代前魏华庄的村貌。就像彩色电影胶片，画面上出现的是一座座农家的院落、石墙、菜地、树林、水湾、小桥、街道、高坡、水井、石碾、粮垛、晒场，每户人家都标注了当时居住的主人的姓名，有些老人现在还在世。每家院落的房屋、方位、屋前屋后的小树林，甚至当时的篱笆墙也都画得让人身临其境。如果你贴近一些，仿佛会听到窗纸后面的欢笑声、柴门外的犬吠声、大公鸡站在墙头打鸣的叫声、田垄上牛吃草的咀嚼声、菜地里蔬菜的呼吸声、树梢上鸟儿的欢叫声、水湾里鱼儿的欢跃声、香椿芽在初春的枝头爆胀开来的声音……

当年，前魏华庄的香椿芽是远近闻名的。前魏社区的陈书记说："听老年间的老人说起，春天一到，全村都弥漫着诱人的馨香，香椿的价格也是邻村最高的。"

然后，她指着画卷上的一个院落，自豪地说："这就是我们家的老宅。"

"这画卷太珍贵了。"我感叹道，这画家的记忆力真是太强了。

陈书记告诉我们："这位画家是我们村里的，是位工程师，叫丁大坤，是凭着他的儿时记忆画出来的。"

难能可贵的是，这画卷写有很多说明性的文字。这图文并茂的乡村记忆，我还是第一次遇见。关键是，这画卷里的河流、房屋、院落、街道、人物姓名都是真实的，不是艺术的加工和虚构，是那段历史的真实再现。

根据这些文字说明和陈书记的介绍，我们对前魏华庄的历史变迁有了一个大概的了解。

前魏华庄在20世纪50年代，只有几十户人家，村民以务农为主。村名的来历，据说在隋唐时期，有个叫魏华正的官员，死后葬于腊山脚下，称魏华坟。为纪念魏华正，以此坟为界，坟前（南）取名为前魏华庄，坟后（北）取名后魏华庄。1368年（明初），王氏从河北枣强迁来此落居，沿用至今。

原来老村没有南北主街，只有东西两条通道，村民称之为前街和后街，街头巷尾空地上种有很多香椿树。村东村南各有两口老井。村西原有一座天齐庙，村东头有一座东圣寺庙。

1948年，东圣寺庙东屋改为村小学教室，西屋为村公所。1950年被泰安专署劳改队占用，做临时监狱，后来，改为历城县石料厂宿舍。再后来，改为白马山啤酒厂宿舍。寺庙的大殿，一直保留到2016年1月13日才被拆除。

村外有七圣神祠，神祠的正门朝南，有院墙。一进门是一个小院落，东面是一座小钟楼，有东、西配殿和北面的正殿。飞檐翘脊、上覆小筒灰瓦，充满了古典气息。

前魏华庄地势南高北低，后街以北，比村内平地落差有一米多深。后街北首是大片的菜园地，村民习惯称后园畦。靠路边，散落着七八家住户，那时候种菜都是用一种叫辘轳的井上汲水工具，人工取水浇菜，这片地的井水是潺水，比较适合种菠菜、苔菜、葱之类的蔬菜。

每年的清明节前后，村周围到处飘溢着香椿芽的清香味道，红里带青的嫩芽，伴着春风，脱苞而出，令人喜爱。香椿芽是一道树上的蔬菜，这无疑是给贫困的生活添就了一丝念想，给渴望幸福的年月送来了一份值得留恋的清香。前魏的香椿芽远近闻名，当年，到城里卖香椿芽，也是村民一笔不小的收入。

在村西北角，有个独居人家，过去村里老人称这里为小庄，茅屋荫蔽在林木丛秀之中，冬天享受着和煦的阳光，夏天在清凉的林荫下，没有噪音，静静地过着天然氧吧的生活。

后街向西通米山与簸箕山之间红沟，直通大庙屯，村西百米处路北，有个天齐庙，屋顶上的瓦缝里长了棵多年的柏树，过路人都感到是一奇景。庙西墙外有条排洪沟，沟上面架有一石桥，远看也是一道风景。

村西街只有两户人家，门朝街。站在西街，一眼望到西山，一片片绿油油的庄稼，还有西山顶上残留的解放战争时期国民党修的炮楼。

那时，空气清新，蓝天白云，若站在簸箕山顶瞭望四周，在阳光的照耀下，由西向北环视，可见一条亮带，那就是黄河，连城北的匡山、鹊山、药山、华山，都看得非常清楚。

当太阳西下，缕缕炊烟，缭绕在村庄的上空，山坡上会时时传来咯嗒咯嗒的山鸡叫声，当夜幕降临，偶尔还会有狼的踪影出现。

当年，地多的人家，都会在村旁留有一块空地，以备麦收、秋收时打粮和晒粮用，这块地叫场院，当把粮食收回家后，直接把麦秸、玉米秸垛在场院里，作为全年做饭烧柴用。

村里人大多数是祖宗延续几代人的老户，外姓人几乎没有。姓氏以丁、魏、路、汪四大姓为主，按姓氏居住，分布比较集中。姓路的人大多居住在村西头，魏姓在村中及村南。丁姓在村中及村东头较多，汪姓集中在西头前后街。那时村民大多是以务农为生，但在20世纪40年代，本村还有两家酿酒作坊，一是大中酒店，二是井家酒店，都是远近闻名的。

村西南有两个水湾，西边小湾南沿有两个并排的小石庙。

在那个年代，村村都有水湾，一是用于储存夏季的雨水，二是一旦村内发生火灾，湾水是最好也是最方便的灭火水源。

本村有两眼老水井，供村民吃水，百姓称这两口井为官井，村南村东各一眼，井的年龄无法考究，据说自从有人在此居住起，就有这两眼井。

村南地势较高，比村内街道高差一丈多，村南东西形成一条土堰，村里人称这土堰叫南坝子。

村南的场院在麦收、秋收时用作打粮，平常就是村里孩子们玩耍的主要场所，假日里或晚饭后，场院就像体育场，打瓦的、跳房的、推铁环的、捉迷藏的，小树林里，河沟、地洞、柴火垛里，没有孩子们藏不到的地方。

前街大道向东，直通井家沟，井家沟逢集是农历初四、初九。小时候，最开心的事莫过于能跟大人赶集，是一件非常向往的事情，就像现在孩子跟着父母逛超市、商场是一样的愉快和享受。

村东庄外，原有一条古道，通过井家沟、皇上岭通向泰安。村东边原有一条小排水沟，因解放战争战势需要加大、加深，变成战壕，直到20世纪50年代还一直存在着明显的痕迹。

旧村没有南北大街，只有一条南北相通的胡同，胡同里有个汪家大院，通过三道大门才能进入内宅。后汪家败落，但从院落布局和占地面积也能看出当年的气魄。汪家大院曾做过粮店，当过牛奶房，后改为村小学。在汪家院门外，有块不小的空场地，是村民逢年过节、茶余饭后聊天和娱乐的唯一场所。

村外还有一景就是汪家林。

清朝乾隆年间，前魏华庄有一个叫汪龙的参加科举考试，荣获第二名榜眼，据说官职省厅。汪龙死后，葬于村西南一华里处。墓地的建筑设计讲究，远看非常气派，有大小林门，门前有两块一米见方的旗杆石座，外墙乱石砌成，墙外有一圈生长几十年的白杨树，遮天蔽日。林内长满苍柏和丛生灌木，荒草长有一米多高，在灌木丛中露出两个高大墓碑。墓地有专职的守陵人，姓娄，德州齐河人，祖辈几代人都在这里守陵。

一缕初冬的阳光，落在了长长的画卷上。

　　我们仿佛从20世纪50年代的前魏华庄，一下子穿越回到了2021年12月10日的上午。

　　在参观村史馆时，陈书记给我们介绍道：

　　前魏华庄有着丰厚的历史文化积淀，天齐庙、七圣祠原址、魏华坟、诰命夫人墓志铭等历史文物古迹，承载着传统的厚重；生于斯、长于斯的社会贤达、忠勇志士彰显着独具的风采。

　　前魏华庄人具有爱国、爱村、爱家的优良传统，在抗日战争、解放战争和抗美援朝时期，先后有十余名热血男儿应征入伍、血染沙场，保家卫国之举，堪为后人之楷模。

　　前魏华庄土地肥沃，适宜蔬菜、树木生长，但因生产力落后，粮、菜亩产不高。20世纪六七十年代之前，水浇地有限，基本是靠天吃饭。随着社会的进步、经济的发展，尤其是村民生产积极性的提高，深打机井、引水灌溉、加大肥料投入、实施科学种田，使得粮食产量不断提高，村民生活水平逐步提升。1984年8月，前魏华庄实行了家庭联产承包责任制，各尽所能、多种经营，更充分调动起村民生产积极性，不断实现着期望的目标。

　　自2016年旧村改造以来，前魏华庄党组织带领全村干部群众发挥地处济南近郊的区位优势，贯彻落实"服务城市，致富农民，活跃市场，方便群众"的工作方针，坚持走"农、林、牧、副、渔、工、商、建、运、服"十业齐发展的路子，取得长足进步。现在村里居民居住在耸立的高楼内，冬天有集中供暖，过着城里人才有的生活。回首过去，前魏华庄村民脚踏实地，稳步发展；立足当下，积极推进旧村改造，各项事业有待更高层次的发展，前魏华人的明天会更加美好。

（陈忠/文）

街巷名：*尹家堂*

街名由来：据清乾隆三十六年（1771）《历城县志》（卷三，地域考·里社）载："西南乡仙台三上领村三十三……尹家堂……"据传：明嘉靖年间（1522—1566），有姓尹的一户从河北枣强迁此定居，并修建一座祠堂，取名"尹家堂"，此庄也称尹家堂。沿用至今。

尹家堂里有个明代的"探花"

离开前魏华庄，白马山办事处的刘明胜告诉我说，尹家堂里有个明代的"探花"。

探花？我一听，就有了兴趣。于是，我们驱车驶向腊山河畔的尹家堂。

在路上，刘明胜给我和白马山办事处的另一位同事李树然简单地介绍了一下这位"探花"：他叫王敕，是从尹家堂走出去的一名探花。他自小就聪明伶俐，博学多能，曾获乡试第二名，会试第十七名，明宪宗成化二十年（1484）甲辰科李旻榜进士第三人。殿试夺得探花后，被授予翰林编修。

不一会儿，车就开到了尹家堂村南的腊山河畔。

阳光照在腊山河上，亮闪闪地泛着一波儿一波儿的粼光。记忆中的腊山河，是条很窄很浅的河沟，河岸长满芦苇，杂草丛生，河道上漂浮着垃圾。不敢相信自己的眼睛，没想到，多年不见，腊山河变成了一条宽阔幽静、河水清澈、环境优美、花树繁多的景观河。

正观赏着腊山河风景，尹家堂社区的支部委员董成军来到了我们跟前。他带领着我们参观了村貌和社区文化建设。通过董成军介绍，我们得知：尹家堂村位于二环西路以西，全村人口1360人，423户，占地面积400亩，全村无耕地、无集体企业，居民主要靠打工、做生意维持生活。

随后，我给他谈及了村里走出去的一名探花郎王敕，没想到，他对王敕也有所了解："我也是听村里的老辈人经常讲起，说王敕是在1446年出生在尹家堂的，明成化二十年（1484）中的探花。"

据记载，王敕曾在济南城东北部的卧牛山上的永平寺里读过书，有一深夜，他见地上有道火光，挖开后，见有一石匣，匣子里有二册书，读后，就能御风出神，预知未来吉凶。

据传说，他在大佛山读书时，有一天，与僧人登山，僧人先行，到了山脚下时，望见山顶有人。待僧人爬到山顶，才发现竟是王敕。僧人又让小和尚下山取食物，小和尚叩门时，忽听里面有读书之声，原来是王敕在屋内读书。

另有一次，王敕与十余人去上山砍柴，约定好各行一道，待到天黑之前，十余人归来后，都说见到了王敕。

王敕年轻时，就喜欢谈仙论道，对于古代器物，尤有见识，往往目所未涉，一见便能道出其详。说出此物为何年代，产于何地，后经考证，没有不对的。

王敕中进士后，先后在河南、四川督学。一日，见蓝天上有白云一片，就命人骑马前去追赶，白云落地化为石，颜色如雪，煮食之，其甘如饴。王敕说："这是云母。"

一次，王敕在辉县山中行走，忽然下轿，拜道："丈乃在此。"然后，令人掘地，得一奇石，移放到百泉书院。又在道路左侧古垣中开视，得紫石砚二枚，各有鸳鸯一只，雌雄相向。他说："地如竹筛眼，凡有异宝皆可见。"

一天，尹窃公身患重病，王敕前往探视，家人问王敕，尹公的病情如何。王敕说："公当不死，至某日，有一鹤落庭中，公乃逝耳。"后来，果然灵验。

王敕在任国子监祭酒时，曾预知过自己的死期。一日，四城门皆见王敇羽衣鹤氅而去，如云水道人。又传说其家乡人在长安赋徭役时，于良乡道中遇见鼓吹者从南方而来，仔细辨认，乃王敇。于是上前问道："公罢官已久，何以至此。"王敇笑道："朝廷召我耳，然吾来时有一二语未分付，烦寄于儿，某箧中有书数卷，不可令人见，语儿焚之。"乡人回到家后，一问才知那日正是王敇的死期。

据说明朝杰出的思想家、文学家、军事家、教育家王阳明就十分信服王敇。

王敇体貌魁梧，丰满的下巴上长有坚硬的胡须，看上去很有威容。

但他做人一向很是自负，从不检点自己的言行举止，因此，经常被文人和知识分子所轻视。

王敇被授予翰林编修后的第三年，因尹龙一案受到牵连，被贬为绛州判官，那时的绛州，就是现在靠近山西吕梁山的新绛县。

弘治三年（1490），王敇升为四川按察司提学佥事，相当于现在的省教育厅厅长一职。在任期间，他"考遗书，遵国典，定祭祀乐舞之式"。后经过九年考绩，升为河南提学副使。

正德二年（1507），王敇再升为南京国子监祭酒，这个官职相当于现在的教育部部长。

正德四年（1509），朝廷按期核查京城六部九卿等衙署任职的官员有无过错，然后，将结果奏报皇上，以决定他们职务升降去留。大多数官员知廉耻而自重，以通报批评为终身耻辱。这年，王敇接到敕令，自己前去述职，顺便请出辞呈，退休回乡。

正德六年（1511）春天，王敇在家乡去世。

当我听完董成军的讲述之后，视线再一次落在了阳光照耀的腊山河上，在转身之际，我看见有几只鸟，朝着腊山方向疾速地飞去。

（陈忠/文）

《白马山盘山栈道》　骆雷　绘

第五编

兴隆街道

矿村：庙观映山色，古村眠高士

从兴隆片区往南不多远，就是连绵群山。旺盛的植被阻隔了尘土和喧嚣。日光透过水泥路两边的树木洒下来，金光点点、树影斑驳。独行群山之中，清风拂面，顿觉神清气爽。

过白土岗村，路分两支，往左不远就是矿村。村口，熙熙攘攘的人群正在赶集。乡间的集市有一种格外的蓬勃气息，聊天声、叫卖声、讨价还价声，各种声音混合在一起，以集市为中心向周围扩散，仿佛海边不远处一个隐蔽又力量惊人的漩涡。最有意思的是那些一言不发的人，他们守在自己的货物后面，安静得就像一块礁石。他们知道总会有人来买自己的东西，或者即使没人来买也无所谓，他们一脸平静，却也许隐藏着不一样的波澜人生。

他们就像矿村这样的老村，仿佛一本静默的、内涵丰富的大书，等待惺惺相惜者的阅读。

攀柏永怀，一门节孝

需要说明的是，矿村村名，原本是金字旁加一个"广"，念"宫"，后来为了使用方便，才叫矿村。

去矿村，第一想拜谒的当然是怀晋墓。怀晋是明末清初济南著名的高士。高士者，高尚出俗之士也，指的是志趣、品行高尚的人，多指隐士。

怀晋是名副其实的高士，48岁时明代灭亡，他"哭辞孔子庙，隐山中"。怀晋所隐之处，就是矿村山中。道光《济南府志》记载过一件很有意思的事，说是他刚到矿村隐居时，来了帮强盗。强盗们得知这里隐居着一位高士，见他气度不凡，就跟他说："您是长者，我们不想惊扰了您，所以明儿我们把您送到一个安静的地儿去，供您吃喝。"怀晋不为所动，当天晚上，强盗们就跑了。

怀晋道德文章，文人敬仰，他长年隐居山中教育学生，教出过艾元征、王盛唐等众多知名学生，其中艾元征还在康熙朝当过刑部尚书。跟随怀晋时间最久的郑子铉曾经说："从先生游，邪念之萌皆自遏。"有意思的是，道光《济南府志》还记载怀晋"年八十，预知死期，至期沐浴而卒"。

怀晋死后葬在矿村东南角邋遢岭下，一直到如今，墓地依然保存完好。坟前墓碑，上写"清故处士怀公暨妣房氏墓"几个大字，下有"不孝男万邦奉，不孝仲男世昌立"字样。墓上六棵大柏树郁郁葱葱。村人说，有关这柏树，还有一个神奇的传说，传说怀晋后世的某个子孙砍了柏树去卖钱，结果驮树的马死了，这个子孙也得病死了。更为神奇的是，一般柏树被砍后只能长个新芽再难成树，怀晋墓上的柏树却重新长成了参天大树。

墓前两侧还有两块康熙年间的巨大卧碑，分别刻有"攀柏永怀"和"一门节孝"几个大字。"攀柏永怀"碑由山东承宣布政使卫既齐所题，碑上还记录了怀晋次子怀世昌"悼父志之苦，痛母节之贞""庐墓修坟，年经六载"的故事；"一门节孝"碑由文林郎知历城县事王苴隆题，碑上既记录了怀晋的事迹，也刻下了怀世昌不管"大风雷雨烈日严霜"都修坟守墓的故事。

据村人所藏《怀氏族谱》记载，怀氏先祖原姓槐，原居山西洪洞县，后迁至河北枣强，明洪武二年，其中一支迁到如今的天桥区桑梓店怀庄。而族谱记载的矿村这一支，止于怀晋。村中怀姓后人还曾编过一本《怀晋先生神话传说》的小册子，希望后人能记得先祖的事迹。村人说，至今清明和农历的十月初一，桑梓店怀氏后人和矿村村民都会去怀晋墓前祭奠先人。矿村人觉得，怀晋墓早已不是怀家一家的事，整个村都很敬仰怀晋。"文革"时破四旧，白云观、三清殿都遭到了破坏，但没人敢动怀晋墓。

三建"怀公祠"

据《矿村村史》记载，跟怀晋有关的，还有一个"怀公祠"的故事。故事是这样的：1936年矿村的村长叫黄锡金，有一天晚上，他在村民家喝完了酒，回家休息时感到浑身疼痛，疼痛过后做了一个特殊的梦，梦见怀晋先生在一块叫石牛地的地里躺着，怀晋先生对他说："我是二百七十多年前的怀晋，我自从来到矿村后，矿村村民对我很不错，我对矿村百姓还可以吧！我想给你村长要一个座位，坐一坐行吗？"梦醒之后，黄锡金翻来覆去怎么也睡不着了。他没等到天明，就跑出村外想看个究竟，当跑到石牛地里一看，果真有一个人正横躺在地里，个子非常高大，再过去一看，人却又不见了。这样连续三天，做的都是同一个梦。黄锡金怎么也想不通，就找到副村长邢进仁想问问是怎么回事，话还没说完，副村长就说："咱俩做的是同样的梦呀！我们要跟村民商量一下这究竟是怎么回事。"这时很多村民居然也说曾经做过这个梦。于是，两位村长在和村民商议之后，决定修建一座怀公祠。

有了这个决定之后，村民非常高兴，自发在白云观东邻一块南北长15米、东西宽10米的地方建起了怀公祠。当时"怀公祠"三个大字由本村范明伦先生所写，又由河泉村村民陈德所刻。祠堂的中间有一个木阁，阁内是怀晋先生的画像，东西两旁有两块镶金的木匾。南北墙还各有两块金匾。每当逢年过节，人们就从四面八方来向怀晋先生求福、求财、求子、求平安，同时也表达人们对他的尊敬和爱戴。

"文革"期间，因为学校扩建，祠堂被拆除。1982年，村人又齐心协力捐款、捐物、出力，在怀晋墓东邻建起了怀公祠。1998年，怀公祠又得到了修建和整理。这就是怀公祠三次修建的前后故事。

庙观众多映山色

行走在矿村，原始的老房子已经很少，村中一处一处，都是用黄砖新盖的楼房。但有意思的是，村中庙观众多，既有白云观，又有龙王庙、关帝庙、三义庙，极其鲜明地体现了农村信仰的多元化。

始建于隋唐时期的白云观在村中广场的东侧，观内一棵有着1300多年树龄的银杏树格外引人注目。这是一棵雌雄同体的银杏树，雄树紧紧怀抱雌树，盎然向上，遮出一片浓荫。村人说，早前白云观规模宏大，三清殿、碧霞殿、真武殿、灵官殿等一应俱全，历经"文革"，只剩下三清殿和银杏树，"尤其可惜的是，院子里原来还有四棵大柏树和一棵大松树，也被破坏了"。2008年，白云观很多殿堂得以恢复重建，既供奉元始天尊、道德天尊和灵宝天尊等道教神灵，也供奉孔子和鲁班。

此外，村中东部，柳树古井旁，还有一座小小的龙王庙，供奉四海龙王。离龙王庙不远，是一座关帝庙，上刻"伏魔大帝"四个字，一块立于乾隆年间的"重修关帝庙碑记"还说"此庙虽小却灵验无比"。

村中西部一汪池塘边，还有一座三义庙，供奉着刘备、关羽和张飞。据说这庙此前非常巍峨，立于八十多级台阶之上。而在三义庙旁另一个高台之上，还有一座五圣堂。可惜到了"大跃进"的时候，三义庙和五圣堂都被扒了，原来的高台也被铲平挖了个池塘。直到1974年，村人才自发捐钱，又重建了三义庙。

林壑幽美佛峪境

令人惊喜的是，著名的佛峪就在矿村北边不远。在矿村老主任郭安元的引领下，我们穿山越岭，遍赏"林壑尤美"的佛峪风光。一路行走，听山风松涛，游环翠亭、观音堂，品林汲泉水，看风光无限。

穿过古色古香的"佛峪胜境"牌坊，就是著名的般若寺遗址。般若寺历史悠久，始建于隋文帝时期，至今已有一千四百多年的历史，据说当年般若寺的大殿高约3米、长10余米、宽5多米，殿前有粗大的木柱支撑，殿内供奉着十八罗汉。这般若寺依山而建，以崖壁为后墙，十分有意思的是，崖顶千顷，状如重檐，简直鬼斧神工。

如今的般若寺虽然仅存遗址，但崖壁间尚有20余尊雕刻精美的造像，大者高1米，小者高约40厘米，另有约30处历代题记。其中雕刻于隋开皇七年（587）的五尊佛像及造像记因位于高崖，除一尊弥勒佛仅手指自然断落外，至今仍保存完好。

佛峪胜境中，特别值得一提的还有林汲泉。金代《名泉碑》和清代《七十二泉记》均收录此泉。在2005年济南市公布的名泉名录中，林汲泉亦被列入济南七十二名泉，位列第49位。

林汲泉泉眼隐在绿树青藤之中，水自岩缝中流出，汩汩有声，向下而汇流于池。泉水清澈，久旱不涸。泉池右上方石壁上镌隶书"林汲泉"三字，旁边还有清乾隆五十四年（1789）题记。盛水期，泉水从崖壁泻下，形成瀑布，飞流而下，形成水潭，然后漫流石上，蜿蜒在绿树夹岸的溪谷中。

特别值得一提的是，清代《四库全书》主要纂辑人之一周永年，曾在此读书，建"林汲山房"。周永年极爱此处，自号"林汲山人"，晚年还绘有《林汲山房图》。

古村得名有故事

矿村历史悠久，据村中早前碑文记载，隋朝时期，就有常姓和朱姓在此建村，并取名青龙庄，后又有史姓迁入青龙庄。唐朝贞观年间改名为矿村，改名的原因有两种传说：一是村民在北山下建房挖地基的时候挖出了水银矿，因水银矿在古代十分少见，于是就借矿名改名为矿村；二是村西北山上有一个形似金蛋的东西滚下来，把山上压出了一溜沟（至今山上还留有沟的痕迹），故取名矿村。改名后，村名一直沿用至今。

世世代代，村民在这里生活。欢乐和悲伤，都在这里。村里孩子的游戏总是比较简单，推铁环、扇洋片、剪子包袱锤、弹琉璃蛋儿。还有一种"投皇上"，看起来比较复杂：拣一块较大的砖块或石块竖立地上作"皇上"，周围竖一些小的砖块或石块作"鼻子""耳朵""小辫""顶门杠"，击倒者为赢，未击倒者为输，由击中"皇上"者发号施令，那些击倒"鼻子""耳朵""小辫"的小伙伴们分别扭住输者的鼻子、耳朵和脑后头发，击倒"顶门杠"者用单腿膝盖不断地撞击输者的屁股，押着输者由"皇上"所在的地方向界限方向走去，走至途中，"皇上"一咳嗽，众人便往回跑，输者便追，追上哪位便以相应的惩罚如扭耳朵、捏鼻子走回原处或者把输者背回原处。

1951年出生的郭安元是矿村的老户，父亲曾当过村里经济合作社的社长。上学时，白云观就是教室。郭安元兄弟四个，他是老大，小学五年级开始干活，14岁就到西营修公路，16岁参加锦绣川水库的加固工程，拉地排车、放炮、打眼，什么活儿都干。27岁当了矿村五队的小队长，30岁当了村里最后一任大队长，从20世纪90年代开始，干过多年的村主任。虽然一辈子辛劳，但郭安元心满意足。矿村东有白云观，东南有怀晋墓，西有三义庙，北面有佛峪。"太息人间名胜地，何时重上钓台倚石看涟漪"。所谓风景，或许真的只是山风鼓荡中，一池撩动人心的涟漪。

（钱欢青/文）

斗母泉村：青桐山上有名泉

在通往斗母泉村的盘山路上骑车，真得十二分小心，那真是九曲十八弯的山路，有的弯接近三百六十度；但在这样的山路上骑车，也的确有一种开车替代不了的享受，那真是一步一景，山峦起伏，层次分明，在绿意浓重的树海俯瞰群山环抱的村落，让人恍然间生出"荡胸生层云"的阔达来。

斗母泉村不在山下，在山上。一个几乎立于群山之巅的小村落，一个因为拥有七十二名泉中海拔最高者——斗母泉而闻名的小村落，同样也是一个收藏着诸多传说和古迹的小村落。

斗母泉旁斗母宫

斗母泉几乎位于村子的最高点，崖壁之下淌清泉，群山之下烟云渺，真可谓"泉涓涓而清流，云深深而触起"。泉后面一棵古老的车梁木，更添几分盎然古意。

看泉边墙上所写之介绍，斗母泉原名窦姑泉，别名大泉。清乾隆《历城县志》、道光《济南府志》和清郝植恭《济南七十二泉记》均有记载。该泉常年涌流，四季不涸。

斗母泉下，一路之隔，是斗母宫。斗母宫虽然不大，院子里却立着很多块石碑，进院子迎面一块影壁，影壁背面所刻文字，乃是刻于清同治十一年，可惜被一个大香炉挡住，无法看清碑刻全貌。众碑之中，年代最早者当属清康熙十五年之"重修斗母殿"碑。余者有嘉庆年间之"重修斗母庙"碑、光绪六年之"建立道房"碑等。"建立道房"碑用"泉涓涓而清流，云深深而触起"描写斗母庙所处之"胜境"，且记录了六个庄的"主庙者"，碑上所刻的六个庄分别是王家窝铺、郭家窝铺、郑家窝铺、贾侯二庄和斗母泉。

院子北侧是最重要的斗母宫大殿，大门口一副对联，写的是"移星布斗调正阴阳四时，慈悲济世历劫护国救民"。殿内供奉着"先天斗姥大圣元君"。据说斗姥乃星斗之母，法力无边。其信仰缘起于古先民对星辰的崇拜，后来为道教所信奉。

有关"斗母姥姥"，按照斗母泉村支书的说法，流传下来的传说两个版本：一个版本是，"斗母姥姥"原本是古代的一个贤良母亲，她儿子很孝顺而且光做好事，后来她成了天上的星宿、众星之母，被称为"斗母姥姥"；另一个版本很简单，说的是"斗母姥姥"和"泰山老奶奶"其实是姐妹。

前些年到村里时，我曾遇到谢福祥老人，老人告诉我，先祖上山来时就有一座很小的斗母庙，后来经过一次次修建才逐渐变大，20世纪50年代庙被拆了。"到1996年，村里的部分群众想重新把庙修起来，我觉得修庙是个好事，我就在村里组织了八个人，每个人出五百块，凑了四千块钱，把庙给修了起来。起初我们打算用石头修庙，后来我儿子听说这事后，就从山下给拉了三车青砖上来。"

谢福祥说，斗母庙既是康熙十五年重修，所以始建年代应该更早，据说是有了庙才逐渐形成的村，"最早来的是孙家和谢家，谢家到我这里已经是第七代了。我爹曾跟我说过，我们谢家祖上是从济南华山北面的冷水沟小桥子那儿搬来的"。

一架梁，两架山，通天沟子一线天

斗母泉村是一个行政村，由百花泉、南圈、东坡、大泉、小泉、西坡、边庄、寄宝峪和岭子西九个自然村组成。谢金明说，村里口口相传，用一段顺口溜来概括这些村子和地形："前担窝，后担窝，寄宝峪子小西坡；一架梁，两架山，通天沟子一线天。"

斗母泉村以青桐山和斗母泉为中心，青桐山山势起伏，气势雄伟。而所谓"前担窝，后担窝"，说的是这些起伏的山头，恍如"二郎挑山"，形似农人挑担，担则两头有窝，起起伏伏，形象生动。山上还有个名叫"老猫哭"的地儿，则有一个更为神奇的传说：据说就在离青桐山不远的"齐鲁第一大佛"下，有个石门，石门里面的洞中有一株枣树，会长出金豆子来，每到大年三十，这棵枣树就会成熟。山下村里有个年轻人，起了贪心，在枣树还没成熟的时候就去偷摘金豆子，结果被洞中跑出的一只老虎追。年轻人一路逃一路掉金豆子。一直跑到一个山峪里，才躲过了老虎，但金豆子也都掉光了，只在鞋中还剩下一粒。年轻人于是一直哭，村人闻此哭声，以为是老猫发出的声音，于是就把发出声音的山峪，叫作"老猫哭"。

而所谓的"寄宝峪子"，说的是青桐山的最高处，原本有个强人聚集的丁家寨，强人临走前把一些宝贝寄放在了这个地方，后来有人在此处挖出了宝贝，还挖出了水，于是有了寄宝泉和寄宝峪。

神奇的传说还有很多。站在青桐山上，往南看，山势起伏，村人于是说这是"二虎下山"。还说因为"二虎下山"，下面村里人受不了，就用个铁钻子，把"老虎筋"给弄掉了，于是成了"一虎下山"。

但离"边庄三泉"不远的神石屋，却发生过一件真实的神奇之事。说是村人边富贵有一次在神石屋里喝酒，结果发现酒越喝越多，一直到媳妇上山来找他，问他："你怎么还没喝完酒？"他回了一句："喝完了。"这酒才算真的喝完了。

　　谢金明说，这神石屋还有个传说，说的是村里如果有人要办喜事，主家写个需要借多少"碗家伙"和桌椅板凳的纸条放在这里，第二天神石屋里就会出现这些东西。

古道边，石马旁

　　小时候就在斗母宫里的大石碑上躺着睡觉，谢金明熟悉村里的一草一木。十四五岁读初中时，他还专门收集过各种各样的传说。对少年谢金明来说，听老人们讲老故事，是一件十分有趣的事情。

　　对村人来说，传说故事也是必不可少的存在。采访时谢金明还领我去看离斗母泉不远的一处古道，这古道连着山下的大岭、小岭、搬倒井等几个村，从南部山区通往济南城区，北起千佛山东南侧的开元寺大佛头附近，南至西营，是古代的一条"要道"。按照谢金明的指点，我还看到了这古道边的一匹"石马"，但要仔细看才能看出马的形状，因为"文革"时，马头被砸了。谢金明说，这大石马其实也很有意思，"有说是李世民骑过，也有说是刘秀骑过，还有说是战马。村里早前又有个说法——不认个干妈不长寿。石马年代足够久远，所以上到七八十岁、下到七八岁，都有认石马当干妈的。每年春节，都有人来给石马烧纸"。

（钱欢青/文）

《大佛头所见》 湛思亮 绘

小岭村：千年古道穿村过

　　雨后初霁，秋高气爽，是寻访古村的最好时节。一是山水潺潺，雨季之后独有一种润泽，令人心生柔软；二是古意盎然，那些时光深处的古道、古碑，老树、老屋，别有一番意味。市中区兴隆街道办事处小岭古村，没想到离市区如此之近，紧靠二环南路以南，小岭隧道之下，就能穿越时光，进入一个"从前慢"的诗意世界。

古道与古碑

　　说小岭古村，是因为小岭的"新村"已经于2016年整体搬迁到老村以西的安置小区。一新一旧两个村，分别矗立在高架桥东西两侧，两个村子当然都是小岭村，只不过一个已经是现代化的社区，另一个依旧是传统古村落。自从村民整体搬迁后，小岭古村即无人居住，但村的格局尚在，古树老屋都在，虽然荒草丛生，老屋也日渐破败，整个村子却如琥珀一般被凝固在时光深处。

　　下高架往东进村，一块开阔的平地是古村的西头场地。场地西南侧三棵挺拔的杨树昂然而立，枝叶在秋风中飒飒作响。东侧是一座两层石头房。小岭村党支部书记苏立保告诉我们，早前这楼的二层是村里的供销社和卫生室，一层用来放置拖拉机等农具。场地北侧的一幢二层楼，则是上山下乡时期的知青点。这个场地周围曾经十分热闹，如今当然都已人去楼空。

　　就在"知青楼"下，有一块立于"大清光绪三十一年"的石碑，碑文以"小岭碑记"为题，虽因字迹漫漶无法辨出每一个字，却依然可以明白碑文的大体内容。据碑文所记，小岭村人务农者多，这里又是附近各村往来要道，但是"行人畏其险阻"，于是有田文成、苏士德、张文祥三位"一乡之义士"，发起村人铺石修路，又因为工费浩繁，非一村所能胜任，所以附近村庄也来帮忙。竣工之后，"行人咸得乐其乐而利其利"，"诚盛举也"。碑文不仅记录了当年村民集资修石板路的情况，还详细列出了赞助人名单。

　　村人认为，这块光绪年间所立石碑记载的修路事件，修的就是穿村而过的千年古道，这块碑证明，古道沿线村民曾多次维修这条重要通道。据《小岭村史》载，这条所谓的千年古道，是济南南部山区通往济南城区的一条古山道。它北起千佛山东南侧的开元寺大佛头附近，中间经过市中区的小岭、大岭、搬倒井、斗母泉等几个村，一直延续到西营，全长约30公里。古道曾是南部山区向济南运送柴炭的要道，是从南部山区到济南城区的官道，此路往南则通向泰安。

　　幸运的是，在小岭村，我们依然可以看到石板路铺成的千年古道。相较于其他几个村，小岭村的石板古道保存得比较完整，有三四公里长。有的地方由两排石板铺成，宽约1.5米，有的地方由一排石板铺成，宽约半米。每隔几块平铺的石板，就有一块起阻挡作用的竖立铺设的石板。有的路段则因地制宜，路面直接由山体岩石凿平而成。在部分石板路边缘，还有用石头堆砌的路沿。

　　千年古道的说法并非空穴来风。沿着石板古道往南，在东侧石垒墙壁中，就可以看到一块石碑，碑首刻"修路碑记"四个大字。碑文记录的也是当年村民集资修路的事情。虽然石碑经过风化已经字迹模糊，但仍能辨别出大体内容。碑文开头刻有"省东南开元寺一路上达山川百壁，下通齐省万家，搬运柴炭，昼夜往来，未必不经由于此也"的字样。内文有"是路至今已千百年矣""往来行走者多被跌踏"的记述。在落款处，刻的是"大明万历十有七年岁次乙丑季春吉旦立"，以及"募缘善人刘文仲"等字样。大明万历年间的碑文说这条古道已经上千年，可见这条古道距今确已有约1500年的历史。

老屋与老树

不仅古道，村中不少道路都由石板铺成，老屋亦多由山石砌筑，特色鲜明。行走村中，处处可见石砌老屋组成的规整的四合院，满目荒草老树掩映之下，别有一番古意。

在苏立保引领下，我们"到访"多个废弃的四合院，其中不少都形制完整，东西厢房，北屋南屋一应俱全，大石条砌筑大门，大门内侧还有用来上门闩的石槽。其中一个四合院北屋门口，还有一个石筑供台，供台旁是一个同样由石头砌成的鸡窝。院子里一把木制太师椅，已经斑驳。特别值得一提的还有用规整的长石块组成的大影壁，据说这样的影壁少说也有100多年的历史。

村中草木旺盛，尤其是两棵百年老树，更为人津津乐道。一棵是已经200多岁的古榕树，被村人叫作"棒棒树"，就在距村西三棵大杨树东北方不远的老院子里，这棒棒树高10余米，据说只长叶子不长花果，也没有味道，叶子可以用来制成窝窝头，树冠类似于伞状。另一棵是皂角树，树高约10多米，树冠圆形像伞，结皂角果，在村北侧。皂角能用来洗头发、洗衣服，还可以当作中药外用泡脚。春天树上开满白花，秋天结果，堪为村中一景。不过当我们穿过雨后泥泞的小路，终于来到皂角树下时，发现它的树叶已经枯干，只有一两处枝头冒出新芽。

历史与地形

据《历城县志》记载，小岭村先民于洪武年间从山西洪洞县迁到济南，他们在此开荒种地，辛勤耕作，繁衍后人。村庄主要由苏、田、张三大家族组成，后董、胡两族迁入，逐步发展成为颇具规模的山庄村落。

　　如果从空中俯瞰，我们就会发现小岭古村的独特地形，它坐落在三面环山的盆地之中，南依大岭村，北与搬倒井接壤，西邻兴隆一村，东靠龙洞公园。地势东高西低，南略高于北部，水往西流，村庄呈葫芦瓢的形状，西边像瓢把。

　　据《小岭村史》，小岭村所处地域为泰山余脉的兴隆山脉，属山地丘陵区，辖区内山岭起伏、沟壑纵横、台地平坡、梯田满目。小岭村属中低山、丘陵地带。地表主要为出露的石灰岩。

　　小岭村的历史文化底蕴较为深厚，是一处"土厚、德厚、福厚"的古村落。村庄群山环抱，景色秀丽，气候宜人。

　　《小岭村史》还记载有村东北方向的一座很像孔夫子的"石人"。据村民代代相传，"石人"比小岭村的历史都要长，"石人"也被叫作"孔子石像"，高十余米，呈青灰色，天然形成，气势浩然。远远望去，无论是写意的神态，还是细部的刻画，都到了惟妙惟肖的地步：头戴巾冠，眉骨高耸，胡须飘逸，连身上的衣纹袖褶都一清二楚。青天穹隆，苍山如海，"孔子石像"与周围环境达到了"天人合一"的境界。再看那漫山遍野的石峰石岭，呈或立或坐的姿态，凝神拱向孔子石像的方向，又仿佛在说孔子弟子三千，桃李满天下。据说观看这座天然孔子石像，立足的角度相当重要。如果攀上石塔山，再看那石像，却不如在山坡上看那样惟妙惟肖了。

（钱欢青/文）

大岭村：北山又大又高

昔日人们描述村庄位置，总少不了说一下本村距城多少里，具体而言，就是距离县衙有多远。三面环山，北高南低，稳坐山峪之中的大岭村，"距城二十七里"。它东至黑峪顶，东北至龙洞村，南至白土岗村，东南至矿村，西至兴隆村，西南至泉泸村，西北至最高山、西顶、瓦屋檐山峰，北至小岭村。

其中北面最高山峰名为官山橛，尤值一提，因为它事关大岭村村名的由来。

北山又大又高，故名大岭村

大岭村历史悠久，全村姓氏以苏姓为主，苏姓家族已经繁衍了24代，其次为刘姓和石姓。村内居民基本为汉族，只有一人为哈尼族。苏姓七世祖先苏南阳自明朝宣宗年间迁到此处，距今已有600多年的历史。据《大岭村史》记载，苏南阳是从历城县遥墙苏家庄迁移至大岭子山沟里的。

苏南阳在600多年前迁到大岭村时，住在山峪中一个能容下几人居住的山洞里，他们在此开荒种庄稼，辛勤耕作，繁衍后人。随着岁月的变迁，人口的逐渐增加，人们就在山洞附近最平的地方盖起了小石头屋，石屋朝阳，距水源很近。因为北山官山橛又大又高，所以把这里取名为大岭村。

除了苏南阳曾经住过的山洞，山洞前一个食槽也是苏南阳开凿，食槽用来加工粮食：把粮食放入槽中，用石棒砸开、捣碎，然后加工成粉末。苏姓先人选择此处落脚，还有一个原因就是此处有泉水。大岭村所在山峪的尽头是一面半月形寸草不生的悬崖峭壁。峭壁之间地势回环，汇集了四方而来的山水，山水在峭壁下方东侧的岩隙中汩汩而出，成为四周唯一便捷可取的水源。此泉即是大岭泉。据崖间山洞外的石刻题记记载，早在清朝宣统年间，人们就开始治理此泉，希望能储存泉水，以备大旱之需。于是由北而南，依次在民国时期、20世纪60年代和近年，在泉下山峪中修筑了三座贯通的水坝，水坝均由巨大的青石垒砌，将泉水层层截流，形成了三个映照云山的小水库。自悬崖上俯视，泉边杨柳婀娜，三个小水库宛如三面明镜镶嵌在山峪之间。

据调查，白土岗村、小岭村、搬倒井村、荆山村、涝坡村、矿村中姓苏的人家都是从大岭村迁出的。所以这里的人们一直流传着"大岭子不大、小岭子不小"的口头语。

心灵手巧"七巧灯"

作为一个传统文化项目，大岭村的七巧灯非常有名。

七巧灯有图，七巧图灯的起源有两种传说：一说是由天上的巧娘织女点化而来，这个说法与当地农历七月七日的乞巧节有关。二说是由民间巧拼木板的游戏演变而来。据说清同治年间太范村贡生何桂芳到外地探望亲友，带回一种用7块硬纸片拼凑人形、动物、房舍、家具及果品的智力游戏，他能摆出300多种图案。1912年元宵节时，他仿照纸片的形状扩大其面积，制作了7盏彩灯，着7人各执一盏，在他的指挥下摆出各种图案，称为七巧灯，先在表演区中央用灯拼一正方形，继而在打击乐伴奏下，迈着轻盈的碎步，变换队形，然后至表演区中心摆出象形图案。

大岭村的七巧图灯有着悠久的历史，据村里的老人讲，民国六年大岭村就有七巧灯这项活动。它是当地群众喜闻乐见的艺术形式，具有传统性和群众性。按照七巧图原理制作，五颜六色的七种图形灯凑起来正好是一个正方形。七巧灯分主副,右手主灯为七巧,左手副灯为八宝:大祥云、盘坊、大花瓶、大八角扇、大鲤鱼、螃蟹、大葵花、五角星。玩起来很紧凑,特别好看。

大岭村历史上有"正月十五闹花灯"的习俗。新中国成立前,大岭村成立了七巧图灯队、锣鼓队。队员共有十七八人,由苏纯礼、苏义保等组织并带领玩灯。每年过了腊月二十,他们把村里的中青壮年组织起来开始练灯。正月十三到十五,一般是由队长带队,前面是锣鼓开道,后面跟随的是七巧图灯队员,浩浩荡荡的表演队伍沿着村里的主要街道进行表演,庆贺新春佳节。只要村里有七巧图灯表演,村里村外的人们都纷纷跑出家门观看,场面非常壮观。除了在本村表演,大岭村的七巧图灯队也曾到英雄山公社、十六里河镇、兴隆街道办事处演出,还到过白土岗,兴隆一、二、三村,小岭,搬倒井等地表演。

(钱欢青/文)

王家窝坡：众志成城"义合桥"

去王家窝坡的那天，是一个难得的晴天。空气虽然清冷，却没有雾霾，更加天朗气清，蓝透苍穹，正是寻访古村落的好时候。

王家窝坡当然非常值得一去。虽然很多村民都已向外搬到马路旁边，但一进入老村，成片的石头房，质朴而沧桑的老桥、老庙，被寒风冻得格外清瘦清朗的老街巷，还是凝聚了一段悠悠旧时光，散发出浓浓的古意。

古道、河沟、石头房

村子三面环山，窝在山里，真是名副其实的"窝坡"。村口在西，往东进村，一条东西向的老街安然而卧，找街边树下石阶旁停好车，望一眼寂寂无人，别有一番感觉。

按照村人的说法，早前村里老人说，最早的时候，是有一户姓王的人家到这个地方搭了个窝棚落户，所以此地后来就被叫作"王家窝坡"。此地三面环山，南边是著名的斗母泉，东边是同样著名的青桐山，背面是北大山。村中从东往西的那条主街，是西营通往济南的一条古道。早前西营人挑着山货到济南去卖，走的都是这条道，道路难行，后来人们就凑钱修了石板路。

这条东西主街极有特色：路北略高，都是用石头砌起来的矮矮的崖壁，上面是一处处老石头房；路南则是一条河沟，河沟以南，则是一片相对平缓的山地。韩世山说，这几年天旱，河沟里已经两年没水了，早前夏季，满满的水，把山村流动得灵气荡漾。

走到村中心，一座三孔石拱桥赫然在目，桥面和路面齐平，路面已经是水泥地，村人说早前这桥面也是石板铺设，很有古意，当年有个电视剧剧组还曾到这里来拍戏。村人很自豪地说，这是济南最大的三孔石桥。走到桥下抬头仰望，果然桥身颇为壮观，三孔拱洞的中间那孔的顶上，还分别有两个石雕兽首，煞是威武。

河道从这石桥往北拐个小弯，又往东去。而在桥北，则形成一个很高的崖壁。这崖壁十分特殊，爬上去，但见巨大的石头缝里单独立着一块石头，看起来，极像一匹骏马。

光绪年间的通济桥

石桥北侧崖壁之上，有座古朴的石头院落，原来是村中的土地庙。

要进土地庙，还是要先登石阶。有意思的是，石阶东侧石墙中，还嵌着一个"石人"，石人没有头，背朝外砌在石墙之中。只是村人已经说不清楚，这石人原本立于何处，又作何之用了。

上得台阶，土地庙的院子便尽收眼底，院子已经废弃，只当中一棵古柏依然挺立，院子东部的三间石头房还保存完好。院子里一块立于"大清同治元年"的石碑，记录了当年修庙的情况，可惜字迹模糊，已然无法通篇阅读。根据残留的字迹揣测，当时修了"官宅一所，书房二间"，花钱"七十千"，从碑文还可以看出，当时村子的名字是"王家窝铺"。

令人惊喜的是，土地庙院子里还保留了两块石碑，把那座三孔石桥的来历说得清清楚楚：其中一块立于"大清光绪元年"的石碑，刻有一篇《建通济桥碑记》，不仅文辞优美，书法和刻工也都相当出色。碑文先说此地地理位置，"岭连铁角，山枕青桐"，是连接济南和岱北的要冲，然后又说修桥的必要，"山水遥来，流盈盈而界首，地泉涌出，波汯汯而阻人。……将为木约之横，皆缘循而恐坠；将为石虫之聚，仍步履之多艰。

此一邑之人所溯洄而疾首，五方之客亦经历而伤心者也"。于是村中耆老"屡次商参""欲修雁齿虹桥，永遂济人之志"。在这块碑文的背面，还刻有"邻庄投资善士名单"，从上面可以看出，当时修桥，附近涝坡庄、斗母泉、义合庄、泉路东庄、泉路西庄等十几个村庄都捐了钱。

和这座三孔石桥有关的另一块石碑，则立于光绪二十四年，上面刻了一篇《重修义合桥碑记》，碑文明确表明此桥为"光绪元年新建"，可见这桥原本名叫"通济桥"，后来才改名作"义合桥"。在记述完石桥的重修过程之后，碑上照例刻上了捐资修桥的众多村庄和善士名单，名单很长，有郭家窝坡、斗母泉、仁合庄、西营庄、侯家庄、义合庄、窑头庄、下井庄、西岭角庄、藕池庄、搬倒井、朱而岭等，其中大部分村庄名称都沿用至今，有意思的是，其中单刻一条，写的是"小王府会元堂陈大老爷捐银四两"几个字。

很可惜，土地庙已经荒废，院中杂草丛生。村人说，大约是在1958年，庙就被砸了。不过山中之村，泉水还是不缺，村北大山下有个芙蓉池，是远近闻名的泉眼，眼下济南市名泉保护办公室正在修栏杆，不日将成山中一道美丽景观。

村人说，如今村人很多出去打工，种粮食很不合算，所以村里的地基本被用来种果树了。村里比较著名的果子是"关公脸子杏"，"每到收杏时节，村子路两旁全是这种'关公脸子'"。

（钱欢青/文）

涝坡村：小村藏着"山东第一蓄水池"

从二环南路兴隆庄往南，跟着K121路公交车的站牌，很容易就能找到涝坡村。涝坡村的村碑，却是在"四棵柏树"站牌的旁边，我在村碑下，抬头看，路边果然柏树森森，列队而立，数一数，却明明是五棵。

村碑上写的是："涝坡，位于东十六里河东9.5公里，月牙山南，相传明崇祯年间建村。因地处山的倾斜面故名老坡，后沿称涝坡。"从村碑右侧斜坡往下，几步就进入了村中街道。午后的烈日照下来，街道上影子斑驳。村子出奇地安静，仿佛害怕惊动四周浓郁的山色，而屏住了呼吸。

北邻月牙山，南依丁子寨，西靠刘家峪，东与双尖山（东岭）毗邻，四面环山，涝坡村周围沟壑纵横，共形成大大小小十七条沟峪。群山环抱、泉水众多的优美环境养育了涝坡村一代代居民，也孕育了涝坡村淳朴的历史文化。

转旧为新，以壮一乡之观

和矿村一样，涝坡也处处都是用黄砖新盖的楼房。不少新楼房，都是在老的石头地基上改建。老房子虽也有，却十分零星。村人说要看老房子，你来晚了，搁十年前，整个村里都是石头老房，"和朱家峪一个样"！

饶是如此，涝坡的历史气息和岁月沧桑依然掩盖不住。惊喜出现在村中街道的拐角处，一块有着仿屋顶形制的影壁赫然而立。影壁全由石块砌成，仿屋顶而建的影壁顶部雕刻精美，影壁中间砌有两块石碑，上面一块刻有"浩然正气"四个大字，每个字的笔画都被人用黑线描了一下。下面一块则刻着一篇《重修关帝、龙神二庙碑记》，这块碑立于光绪二十年（1894），碑的正中部位，被人刷上了"卖鞭炮"三个字。

顶着日头，我靠在碑上一字字辨认碑文，不晓得从哪儿飘来一股淡淡的臭味。偶有农用三轮车载着建筑材料"突突突"开过，卷起尘土一片。碑文算不上是最优秀的文章，却将修庙的缘由交代得很清楚，且有态度、有情怀，字也刻得工整俊秀。这二百多字，让人清楚地触摸到了一百多年前的乡村生活："闻之由兴为废也易，转衰为盛也难，循环纵缘于气数，而经营实藉乎人力也。吾庄关帝、龙神二庙不知创自何时，嘉庆之祀业已重修，但垣墉未建、山门未立，虽屏山带河，究觉外观之无耀。光绪继元，首事等议将公项历年所积不留羡余，砌街补路、建垣立门，而庙貌犹仍旧焉。近来二庙神像寥落，瓦石崩裂，重修以来未及百载而倾覆又将甚焉。合庄耆艾目睹心恻，思欲转旧为新，以壮一乡之观，而无弗欲者。于是首事等首先倡捐，乐施者量力资助，鸠工兴起、水陆并作，积成狐腋之资，用焕翚飞之彩。不数旬而工告竣焉。然是举也，虽未能大厦增修而诸事毕举，岂非吾乡仁厚之风有以致之哉？爰勒贞砥以志不朽云云。"

照例，碑文的后半部分是捐款者的姓名和所捐之钱数。从碑文内容来看，早在嘉庆年间，村里就曾修过关帝庙和龙神庙。村人说，原本的关帝庙就在影壁的后面，"文革"的时候被扒了。

九江八河主，五湖四海神

关帝庙虽已被扒，龙神庙却很幸运地被保存了下来。从关帝庙影壁往东走，街边一块"泰山石敢当"十分惹人注目，仔细一看，上面还刻着"咸丰二年"四个字，算起来，到如今，它已在这里立了160余年。

正在这石敢当家门前闲坐的韩大娘告诉我，这石敢当所在位置是村子的中心地带，"原本是个十字路口，早前还有棵大槐树"。韩大娘有三个孩子，两儿一女，"1958年以后那几年最困难，在生产队劳动挣工分，一年到头分不到多少粮食。山上的野菜都采光了。村里还有混不上吃的出去逃荒要饭的"。

龙神庙就在石敢当往南斜坡下。韩大娘拿着庙门钥匙给我带路，一边走一边说，每年二月二龙抬头，村里都会为龙神庙唱大戏。"早前村里有庄户剧团，后来剧团解散，就请外面人来唱。这边龙神庙里封庙、进香、压钱，那边大场就开始唱戏！"不过，每年请人唱戏的钱都是村里热心人自发捐的，龙神庙的管理也是老百姓的自发行为，"哪里漏了、塌了，几个好心人就凑凑钱、出出力，有的买点瓦买点木头，有的出点啤酒，出点工"。

龙神庙在一个石砌高台之上，正殿亦由石砌，体量很小，唯一门两窗。门额写"沛然降雨"四个字，左右一副对联，写得颇有气势："九江八河主，五湖四海神。"殿内有龙王塑像，墙壁上还有彩绘。

有意思的是，龙神庙院子里还有三块碑刻，一块立于"大清嘉庆十二年"的"老坡庄重修龙神庙碑"，另两块分别是砌于西侧小房墙中的乾隆年间和光绪年间的"重修道房"碑，其中光绪年间的碑上还刻着"善人秦玳重修西道房二间，长男士远捐资"几个字。

庙门口还躺着两块石碑，一块立于"大清光绪二十年"，刻有一篇《老坡庄公项怡然堂所买宅田文契碑记》，另一块立于"大清宣统三年"，刻的是《涝坡庄怡然堂四至碑记》。从这两块碑上刻的庄名可以看出，至少从宣统三年开始，"老坡"已变成了"涝坡"。

从龙神庙继续往东，村中健身广场的一侧，有一块更大的影壁。村人说这块影壁应该立于"文革"时期，原来上面还有毛主席像。而在路旁石壁中，还砌着光绪年间所立的"创修庆合桥碑"，不过村人告诉我，1962年，庆合桥就被大水给冲毁了。

山东第一蓄水池

在涝坡村东头的山谷中，通往斗母泉盘山公路起始处的西侧，横卧着一条高约10米的堤坝，坝底为数十平方米的蓄水池。蓄水池工程于民国二十二年（1933）十月正式开工，工程的质量要求特别严格，选石料也特别讲究，每块石料在垒坝时都需要敲一敲，不当当响的不用；不是纯青石的不用；石料不够尺寸的不用；所需沙子都是从三十里以外的仲宫镇用毛驴一趟一趟驮来的。蓄水池于次年九月竣工，历时一年。堤坝长80米，宽13米，高约10米，蓄水量相当于一座小型水库。

蓄水池竣工之日，时任建设厅厅长的张鸿烈等有关官员亲临现场，为竣工剪彩。张鸿烈还欣然命笔，写下"山东第一蓄水池"7个大字，这七个字随后被镌刻在蓄水池畔突兀的山崖石壁间。此外，蓄水池西北方不远的池壁上还有"蓄水池"三字石刻，为当年历城县县长张贺元所书。据说，为了庆祝当地有了自己的水源，涝坡村的"靠山梆子"剧团还唱了三天大戏，专场演给蓄水池的建设者观看，以表感激之情。

1957年，村民集资，又在蓄水池上游100米处修建了第二道水坝，以减轻水流对民国时期所建水坝的直接冲击。1963年秋，因天旱无雨，涝坡村历经三年的时间，又在第二道拦水坝的上游400米处，修建成第三道拦水大坝。第三道拦水坝修成后，涝坡村的蓄水池总蓄水量达到2000立方米左右。劳动期间，因附近无水可以饮用，市政府还专门安排了汽车，从市区拉水，供修水库之用。

三大堤坝形成三个蓄水池，但因池底为裸露的土壤，蓄水池边的石块又因多年经历雨水冲刷，缝隙过大，导致蓄水池渗漏严重，在枯水期其实起不到蓄水作用。不过堤坝依然坚固完好。丰水期，大量雨水倾泻而下，顺着三道堤坝一路向西，最终流入卧虎山水库。

2013年12月20日，山东第一蓄水池被济南市人民政府公布为第四批市级文物保护单位。时光流逝，杨志老先生写的一首《赞涝坡村山东第一蓄水池》诗，或许最能表达村人的感受："济南第一小昆明，池水新开八百平。幸无虎豹深山隐，恐有蛟龙大泽生。夏雨遥从千丈落，春塘久积四时清。来年遍种桃花树，引得鱼郎唱濯缨。"

（钱欢青/文）

搬倒井村：消失的古村与传说中的帝王

　　位于济南市二环南路市中区段最东端的搬倒井村，东临浆水泉村，西至兴隆二村，南至小岭村，北至羊头峪村，按照《搬倒井村史》的统计，拆迁之前，这里有461户，1397人。

　　搬倒井村最有名的当然是搬倒井，关于村里这口古井的传说，稍微有些年纪的村民几乎都知道，那个传说关乎王权和力量，透着帝王之家的霸气，主角是汉代光武帝刘秀。

搬倒井与光武帝刘秀

　　搬倒井的村名，当然来自那口井的名字。井位于村之南，故又被称作"南井""官井"。此井深达34.5米。据村人言，有史以来，搬倒井从未干枯过，即使是在大旱之年，也可持续取上30多担甘甜井水。每到雨季，充盈的井水则全然在距离井口之下1米处的水道间流出。

　　井之上，最早用作支架的是一个木质辘轳，系的是麻绳，后来才换成铁制辘轳。据村内细知根底的老人讲，此井原本是一脉暗涌于崖体层岩间的山泉，后由搬倒井之先人为蓄积泉水而依天然之势，向下深凿再向上垒砌成井，故而井体呈倾斜状。在井深20米处还有石壁凸出，当井内水位降至其下，需系绳取水之时，水桶就会在此处磕碰，然后桶口就此朝下，便可取水上来，这或许正是搬倒井"搬倒"两字的由来。搬倒井旁原立有捐资助井的"功德碑"，但不知毁于何时。

有关搬倒井的传说，虽众口不一，但大体意思都相同，这个传说的主角在历史上赫赫有名，他就是光武帝刘秀。据说当年刘秀聚兵至此，人马干渴之时，见此井水充溢，喜出望外。只是苦于无取水之器，刘秀便一时兴起，拔出宝剑插按于井口之上，硬硬地将井体搬斜，泉水遂就势溢流井外。

有关刘秀的传说，还不止这一个。在搬倒井南端，有块方桌一般大小的岩石板，上面有两个自然形成的凹坑，酷似马蹄。不仅有马膝跪地的印迹，战马后蹄蹬出的马掌上的钉子眼也清晰可辨。此处名曰"马湾崖"。马湾崖凹坑深约20厘米，可容孩童在内玩水、洗澡，而马湾崖的神奇传说则和搬倒井的传说如出一辙：话说当年刘秀经过此处，坐骑马失前蹄，在仅距古井百米之处无力跪倒，其时马头朝向井口，马尾正对西南。刘秀无奈，顿时兴起，拔剑按于井沿，硬将井体搬斜，井水方得以顺势流向战马跪倒之处。

众说纷纭，也许并不重要，但滋养了祖祖辈辈搬倒井村民的这口"搬倒井"，却实实在在是功莫大焉。

开元寺旁古村落

搬倒井村历史悠久，《搬倒井村史》载，据村中老人所述，落户搬倒井的第一户人家为何姓。400年前，其实先是侯家，一担挑四口，来到搬倒井，但尚未落稳脚跟便离开了。侯氏前脚走，何姓后脚到。等侯家再返回时已排第二户了。

搬倒井之侯家源自枣强，明代初年迁居于"历邑之东北任家岸庄"，侯氏后人侯得林于嘉靖年间由任家岸又迁徙于侯家庄成为其始祖，后九世祖之第三支迁移至搬倒井成为该村侯氏始祖。另据《刘氏族谱》载，村中刘氏一族，原籍枣强，自明代永乐年间迁于"历邑城北"，后又迁到搬倒井。而据张氏后人所言，张氏家族定居搬倒井也已有300多年的历史。

　　贯穿搬倒井村的石板"官道"亦可证明此村之古老，这条古道向南经小岭村，至西营，一直通往泰安。向北过漏水桥，可达佛慧山侧之开元寺。搬倒井的民居，正是沿古道两侧而建。

　　上面所言之开元寺，又名佛慧寺，是济南历史上一座著名寺庙，而搬倒井村与开元寺之间有着较深的历史渊源。开元寺始建于唐代，北宋景祐及南宋建炎年间曾重修。明初，济南城内开元寺被官府占用，部分僧众于是迁徙到这里，遂改称"开元寺"。该寺原有正殿五间，东西配殿各三间。殿后北壁上凿有上下石室多处。崖上及殿内造像与各殿建筑均毁于动乱时期，现仅剩断壁残痕和部分摩崖造像。

　　"先有开元，后有济南"，距离开元寺地界最近的搬倒井人如是说。祖祖辈辈的搬倒井人往返于济南，开元寺地界是其必经之处。它常常作为搬倒井村少年玩耍嬉戏之所在，也是搬倒井村民长年累月在它周围耕种、收割，并在此歇息、落脚。新中国成立前，搬倒井曾有一张姓之人，半路出家寓居开元寺，他中等个子，稍胖，没多大脾气，人称"张道士"。而"张道士"自出家后再也没离开过该寺，直至1958年卒于开元寺院中。

（钱欢青/文）

《佛慧山即景》　湛思亮　绘

白土岗村：信义石桥边的山村记忆

白土岗村在二环南路兴隆片区往南。它三面环山，地形属泰山山脉末端的丘陵地段，辖区内山岭起伏，村子就坐落在这片山岭的南、北山峪之中。

此处北山向阳、南峪偏阴，有台地平坡，可建宅院相拥。阴阳相合呈灵秀之美，天地相接聚人杰之气，在先辈们所开创的宜居环境里，白土岗人得以代代相传、繁衍生息。即便随着城市化的进程住进了楼房，古村的往事，也将永远留在村民的记忆中。

从"白虎岗"到"白土岗"

有关"白土岗"村名的来历，有个神奇的传说：相传，白土岗村原名"白虎岗"，如今村子北山上有一处叫作"北石棚"的山崖石洞，据说就是当时一只白虎所居之处。因为人们认为白虎是一种凶兽，属不吉祥之物，阴阳先生更认为白虎代表兵革、杀伐、征讨之象，加之古代先民趋吉避凶、镇宅旺业观念浓厚，于是把"白虎岗"改成了"白土岗"，"虎"为什么会改成"土"？则恐怕是因为两个字的发音十分接近。"白土岗"之名称约始于明朝嘉靖年间。

据《白土岗村史》记载，有关白土岗的起源，可上溯至东汉时期甚至更远的年代。白土岗偏东方向有一山脉名称荼臼山，其山峰称黑峪顶。

茶臼山山脚有一臼坑，相传是白土岗先民穴居时期的石器遗存。此外，白土岗村东的湾地，曾出土过不同历史时期的陶瓷碎片，周边村民在此处打地瓜窖时，也挖出过不少陶瓷碎片及生活用品。这些物品应该都是白土岗先民穴居时用过的器物。此后不知何故，土窑（当地人称"土屋子"）坍塌，这些物品也被埋到了地下。

而从明代开始的村庄历史，有确切的文字记载。以白土岗宗氏族姓为例，有据可考之落户白土岗定居的族姓已过16世，按照30年为一代计算，16代人尚需五百年左右，因此至少可推至明世宗嘉靖十三年（1534）。

石板路，信义桥

白土岗距老历城县衙二十五华里，西邻兴隆，东靠矿村、涝坡两村地界，北依北山与大岭村相望，南接南山山脉，总辖面积为3.2平方公里。从荣茂峪，大、小粮食峪，黄土岭子，石庙子西坡，鳌子山，唐家峪流淌下来的山溪，均从白土岗村中央沟渠穿过，汇经兴隆水库后流至兴济河，成为兴济河的源头。

从地理面貌上看，白土岗村形如"蝎子状"，因坐落于山峪之中，村中院落高低落差可达70米上下，东西走向的山沟河道贯穿整个山村，河道两旁为路，河道两岸村居毗连，村内石板故道逶迤相接。

昔日，白土岗村至少有四处颇有规模的四合院。这些四合院十分讲究，院子的大门脸用的全是"一寸三錾"的石料。其中的一处是位于村东南角上崖头的任学孟家，另一处是位于村西中心路南的田万庆老宅，还有一处是坐落于村中间地段中心路路北紧靠北山根的田永康家。另有一处张家大院，被村民称作"大车门"，或者"大衙门"，因为这门十分宽阔，而且里面还有"二门"，进了"二门"，才能到主院。张家老辈人丁兴旺，早年，由此"大车门"内先后有三支分出：一支迁往周村，一支为济南城里棋盘街的张家老户，另一支便是白土岗村东西分居的张氏家族。

村里的两座石桥也由来已久，根据村人的保守推算，这两座石桥的修建时间最晚不会超过晚清。其中一座"信义桥"，位于村中心偏西，是座"板凳子"形状的石桥。另一座单孔石桥位于村中心偏东位置，当年曾被山洪冲垮，村民在其原址上利用旧料依照原样复建，因时逢"三面红旗"（总路线、"大跃进"、人民公社）年代，故将此桥命名为"跃进桥"。

老桥之外，还有老井。白土岗村有两眼年头已久的老井，一眼是位于村中偏西的西桥南头的南井，俗称"官井"，另一眼是北泉子井。白土岗人祖祖辈辈皆得益于这两眼老井的恩惠。

此外，老村的西头还建有一座供奉关羽神像的"西庙"。西庙前曾为古时泰安、莱芜通往济南的必经之路。20世纪50年代中后期，庙前有座"西庙湾"，是1956年村民因枯水季节人畜缺水自发修建拦水石坝而成。虽然该湾在70年代便已淤废，但至今老人们还记得当年田校文等人牵头筹划、村民踊跃垒坝造湾的难忘景象。

（钱欢青/文）

《南山清溪》　徐世立　绘

兴隆庄：
消失了的古村，永不消失的记忆

恐怕没有人会否认，如今兴隆街道的"兴隆"二字，来自兴隆庄。虽然我们熟知的兴隆庄一村、兴隆庄二村和兴隆庄三村都已消失，村民们都随着城市化的改造搬进了新楼，但古村的记忆，永远不会消失。

三条沟，划出三个村

兴隆庄历史悠久，距今已有三千多年的历史。早在商周时期，就有先民在这里活动或居住。西汉末年，有先民在这里定居。唐朝形成村落雏形，至宋代形成村落规模。明朝初年，战乱与瘟疫使兴隆庄损失惨重，全村仅剩解、韩、邢、靳、常五户人家。大片土地荒废，官府采用大移民政策，陆续从全国各地迁来移民，繁衍生息，发展至今，形成了济南近郊较大的村落。

从地理位置上看，兴隆庄位于济南市东南，二环南路东段路南，坐落在四面环山的盆地之中，它东临小岭村，北依太平村，东南接白土岗村、大岭村，东北是搬倒井村，南靠仲宫黄路线村，西北为石青崖村和土屋村。

兴隆庄所在之处，地形非常独特。经过数万年的地壳变动和泉水冲刷，此处形成了很多的沟沟坎坎。兴隆庄的三个村就是按照地形来划分的，兴隆庄分为一、二、三排，也称北沟、东沟、西沟。新中国成立前的各历史时期村子称为兴隆庄，新中国成立后，兴隆庄分为一、二、三片。1959年之后，兴隆庄改为兴隆大队，三个片称三个村，即一村、二村、三村。一村为北沟，二村是东沟，三村就是西沟。

火龙太子有传说

有关兴隆庄名字的由来颇有意思。据史料记载，兴隆庄原名火闹庄，始建于宋代。至于为啥叫"火闹庄"，则并无记载。而当地村民也把庄名叫作火囊庄或者火巇庄。按照兴隆一村孙家振的说法，他的祖父孙裕恩是清末落第秀才，民国年间建立学堂后在小学当学董。有一次，时任县教育局局长前来检查工作，问及孙裕恩火巇庄的来历，孙裕恩回答说："庄名来自《诗经》中的句子：'子之还兮，遭我乎巇之间兮。'"而兴隆之主峰正是巇山。纵观周围村庄之名，多与地形、山名有关，所以这个说法十分可信。至于村民口中的火囊庄，或许是因为和火巇庄读音相近。

明朝万历年间，济南四大才子之一——火龙才子许邦才葬于兴隆，火巇庄因此改名为火龙庄。火龙庄之名，有兴隆二村的李氏家谱中康熙三十八年时的记载为证，兴隆三村乾隆五十六年的七圣堂碑亦足以为证。到了清朝，或许是为了寓意吉祥，火龙庄改名为兴隆庄。

兴隆庄还有一个有关火龙太子的传说，虽然兴隆庄一村、二村、三村的村史对这一传说的记载略有不同，但大体情节基本一致。故事当然是从"很久以前"开始：很久以前，在兴隆庄高土崖头的窑洞里，住着一对小夫妻，生了一个小男孩。小男孩还没满月时，一个过路老道士发现窑洞里祥光四射，门上边有两朵乌云滚动，于是走进窑洞对小夫妻说："此乃火龙太子出世，长大后必登帝王之位。这两朵乌云乃是黑狗星前来保驾。但孩子百日之内不能见生人。若见生人，此火龙太子便不能成世了。切记！

切记！"说罢，转身便走。

小夫妻一开始很听道士的话，没让孩子见生人。直到孩子出生后的第99天，孩子的姥娘来看外孙。这一天村里恰巧来了一伙变戏法的。姥娘抱上孩子就跑到街上看热闹，孩子的母亲也忘了老道士的叮嘱，没有阻挡，因此破坏了火龙太子的成世。从此之后，兴隆庄便有了72眼水井、72条胡同、72座土崖头，庄的周围还有了72座石灰窑。据说那是因为朝廷得知兴隆的气脉能出一太子，朝廷有被推翻的危险，于是用烧窑的方式来烧断这股气脉。火龙太子最终没有现身，而黑狗星也降生在兴隆周边的村庄，长成了一个壮汉。

三官庙、观音堂

火龙太子的传说之所以发生在"窑洞"，是因为自新中国成立前到20世纪60年代，全兴隆庄有上百个窑洞。这些窑洞都是由村民用铁锹挖出来的。窑洞又叫土屋，分布在高突崖头，冬暖夏凉。耿家崖头的窑洞是兴隆最大的窑洞，能在窑洞中排戏。还有董家、程家、宁家等崖头上都有大窑洞，窑洞既有住户，也能开旅店、饭店。20世纪60年代以后，村民将有的窑洞作为仓库存放柴草、农具，还有的将窑洞用作牛圈、羊圈。

往前推，兴隆庄的悠久历史都有物可证。1982年5月，兴隆二村书郎台出土的商周时期的陶片、青铜矛、范石，是最古老的文物。1987年，兴隆三村张延庆还收藏了四枚王莽时期的青铜币。

兴隆庄曾经庙宇众多。其中有兴隆庄一村的三官庙遗址，始建年代不详，于明代正德十一年（1516）重修。解放初村里在庙里办公。20世纪60年代曾被用作教室，1982年分村后，兴隆庄一村将庙拆除，在原址上建起了一村村民委员会办公楼。三官庙大殿是雕梁挂柱，油彩精美，墙上绘有精美壁画，是兴隆庄最大最早的古建筑，院东南角建一大钟楼，高六米多，全由一寸三錾的条石砌成。

此外，兴隆庄五孔大桥的南面，还有一座观音堂，百姓叫南堂，初建约在明初，门朝正北，门西侧有两通石碑。这两通石碑记载了建庙和修桥的事宜，可惜在"文革"期间被毁坏。观音堂的大木门很宽，大约有一米七八，一进门，西侧建一钟楼，高约六米，钟楼门朝东，南北有窗户。钟楼上挂有高约两米六七、周长约两米四五的铸铁大钟。抗战期间，兴隆庄的村长怕日军把大钟掠走，便在钟楼内挖一大坑将钟埋于地下。1958年大炼钢铁时，该钟被挖出砸碎炼了钢铁。

二百多年龙灯舞

兴隆庄一村的七巧图灯、高跷灯、扮玩，二村的七巧图灯、彩船、秧歌队，三村的龙灯都是兴隆庄的非物质文化遗产。其中，最著名、历史最悠久的当属龙灯。

兴隆庄三村的龙灯历史悠久，据传已有二百多年的历史。这里的龙灯样式独具一格：龙尾巴短，龙头之上下颚张开，呈血盆大口状，龙舌短，上下颚有锋利的牙齿，看起来非常凶猛，望之令人毛骨悚然。早年间，村人用毛头纸糊龙，因所画之色为红色，而兴隆庄曾经又名火龙庄，所以这龙舞也被称作火龙。

有关龙灯，还有一个故事。说的是乾隆皇帝有一次下江南途经济南，时逢大旱，省府于是特邀兴隆的火龙去趵突泉戏水求雨。乾隆皇帝亲自观看，舞龙至高潮时，忽然阴云密布，倾盆大雨从天而降，将龙灯的纸淋坏脱落，仅剩下一条骨架。乾隆叹曰："可惜是条火龙，若是青龙最好。"为了奖励求雨成功，省府还特地在龙头上盖了火印。从此以后，火龙变成了青龙，一直延续到现在。盖有省政府火印的那个龙头和龙杆一代代往下传，直至1966年"文革""破四旧"时将它烧掉。兴隆的龙灯节目繁多且精彩，舞着龙进场，进场后先拜东方即东海龙王，后拜西方、北方、南方，再拜主席台（观礼台），然后表演龙打滚、龙戏水、龙过桥、龙攀柱、龙串节、龙翻节、盘龙、龙出洞等。兴隆舞龙人特有的节目是龙出洞。龙灯的配乐是打击乐，有大牛皮鼓、锣、铙钹、小锣，演龙出洞时锣鼓点是九龙翻身，十分精彩。龙灯在乾隆至光绪年间的传人是王福森、王福田，此二人擅武功，据说当年在表演青龙过桥一折时，舞龙珠的王福森一个跟头翻上板凳，舞动龙珠引青龙过桥，无比精彩。至20世纪20年代，王福森将舞龙传给他的两个儿子王庆仙和王庆丰。至50年代，王庆丰又传给张维功。令人遗憾的是，随着时代的发展，舞龙后继乏人。

（钱欢青/文）

《兴隆盛夏》　徐世立　绘